AF502109

CONFÉRENCES

SUR

L'HISTORIQUE DES ARMES.

 **Deposé.**

CONFÉRENCES

SUR

L'HISTORIQUE DES ARMES

PAR

H. LOCHÉ,

SOUS-LIEUTENANT AU 2me RÉGIMENT DE LIGNE.

> Si je ne me suis pas fait un bon plan, ou si je me suis trompé à d'autres-égards, mon travail ne laissera pas d'être de quelque utilité en ce qu'il pourra faire naître à quelqu'un la pensée de faire mieux et d'ajouter plusieurs choses que je puis avoir omises.
>
> DANIEL LE CLERC, 1729.

Bruges,

IMP. MILITAIRE DE DAVELUY, LITHOGRAPHE DU ROI.

1873.

1re CONFÉRENCE.

On appelle *arme* (du mot latin *arma*) tout ce qui sert à l'homme pour attaquer ou pour se défendre. De là deux sortes d'armes : les *armes offensives* et les *armes défensives*.

Les armes offensives, de même que les armes défensives, se subdivisent encore en *armes portatives* ou *personnelles* et en *armes non portatives*.

Le mot *armure* désigne l'ensemble de tout ce qui, autrefois, constituait l'attirail des armes défensives d'un homme isolé contre toute attaque.

Les armes offensives, que le classement place en premier lieu, sont naturellement les plus simples. D'abord celles qui n'ont besoin d'aucune préparation pour être mises en usage, comme les *pierres* ou *cailloux;* puis les *bâtons*, *massues;* celles portant un manche court dont on se sert pour briser ou assommer en frappant et qui sont appelées *armes contondantes*, telles que les *marteaux*, les *maillets*, d'où sont venus les *fléaux;* celles qui viennent ensuite et qui ont besoin de plus d'apprêt sont destinées à trancher, percer et sont dites *ar-*

mes d'hast (c'est-à-dire emmanchées au bout d'une *hampe* ou bâton), la *hache*, la *lance*, la *pique*, la *sarisse*, la *falarique*, le *pilum*, l'*esponton*, la *corsesque*, le *fauchard*, la *guisarme*, la *hallebarde*, la *pertuisane*. Les armes tranchantes, pourvues de poignée ou d'une garde, telles que les *sabres* et les *épées*, sont appelées *armes blanches* pour les distinguer des *armes à feu* ou *pyrobalistiques*, qui ont pour force principale, un agent expansible quelconque, mais plus particulièrement les gaz de la poudre enflammée. Ces dernières sont l'*arquebuse*, le *mousquet*, le *pistolet* et le *fusil*. Les autres armes qu'on désigne sous la rubrique d'*armes de jet* ou *nécrobalistiques* et destinées à frapper au loin sont : l'*épieu*, le *trait*, le *javelot* ou *javeline* — qu'on pourrait aussi ranger sous la catégorie des armes d'hast — la *fronde*, l'*arc* et l'*arbalète*. Toutes ces armes sont classées — dans chaque catégorie — par ordre chronologique, et désignées sous le nom d'*armes portatives de main*.

Les armes non portatives, étaient d'abord les *chars armés* ; celles qui étaient destinées à battre les murailles en brêche se nommaient *béliers;* celles qui devaient lancer au loin de gros projectiles et des substances enflammées — car, de tout temps, l'emploi du feu a joué un grand rôle à la guerre — étaient appelées *balistes* ou *catapultes*. Ces armes composaient l'artillerie des anciens qui a été remplacée par les *canons*, *bombardes*, *couleuvrines*, *pierriers, obusiers, mortiers* et enfin les *mitrailleuses* que nous comprenons aujourd'hui sous le nom de *bouches à feu.*

Les armes défensives portatives ou personnelles comprenant tout ce que l'homme a pu trouver de facile à porter et doué de la plus grande somme de résistance possible, selon les armes desquelles il avait à souffrir, furent d'abord les *peaux durcies d'animaux*, puis les *casques*, les *boucliers*, les *cuirasses*, les *cottes de mailles* et enfin tout l'attirail des *armures*.

Nous ne parlerons pas des armes défensives non portatives qui sont d'un domaine tout autre que celui dans lequel nous voulons entrer, et qu'on a rangées sous le nom de *fortification permanente* et *fortification passagère* ou *provisoire*.

Anciennement, on appelait *hommes d'armes*, un gentilhomme armé de toutes pièces combattant à cheval. Chaque homme d'armes avait avec lui cinq personnes, appelées *servientes armorum* ou *sergeanterie* ; trois *archers*, un *écuyer* ou *coutillier*, ainsi appelé à cause d'une espèce de couteau qu'il portait au côté et un *page* ou *varlet*. Charles VII, ayant organisé la noblesse française en corps régulier de cavalerie, institua en 1425, quinze compagnies de cent hommes d'armes chacune, appelées *compagnies d'ordonnance* et qui subsistèrent jusqu'en 1639. Le nombre d'hommes attachés à l'homme d'armes et qui composaient la *lance four-*

nie, n'a pas toujours été le même : Louis XII mit sept hommes pour une lance, François Ier huit. Les archers attachés aux lances fournies étaient ordinairement de jeunes gentilshommes qui apprenaient l'art de la guerre.

L'homme tombé nu sur le globe et sans aucun moyen de défense ni d'attaque, aurait été bientôt exposé aux attaques des animaux qui habitaient la terre avant lui et auxquels il venait en disputer la possession — il était le plus faible de tous. Ses bras, ses poings, ses jambes, ses pieds, ses dents même, n'étaient pas des armes suffisantes pour résister à ses ennemis naturels et encore moins pour les attaquer; mais son intelligence — mise au profit de sa défense personnelle — chercha et trouva bientôt des moyens terribles d'attaque et de défense. Sa main peu rude s'arma de *cailloux*, et, l'exercice aidant, lui devint d'un grand secours. Cette seule arme — le caillou lancé avec la main — était encore employée au temps de Charlemagne, puisqu'elle servit à combattre le preux Roland. Le *bâton* (du grec *bastos* , dont les latins ont fait *bastum*) ; d'abord simple branche d'arbre noueuse, puis effilé et enfin durci au feu, qui lui suffisait — avec le caillou — pour assommer l'animal au gîte devint la *massue*, généralement énorme de poids, après quelques modifications progressives. Le *casse-tête* ou *tomahawk*, dont se servent encore certains peuples sauvages n'est rien autre chose qu'une massue; plus tard, il se servit de la *fronde*, la plus ancienne des armes de jet — de l'*arc* et des *flèches*. Lorsque les métaux lui furent connus et leurs usages devenus plus familiers, l'industrie chercha et trouva bientôt des moyens efficaces pour forger des armes plus meurtrières qu'il tourna contre ses semblables. Nous devons dire, en passant, que les armes et ustensiles en cuivre, en bronze, précédèrent et de beaucoup, les armes en fer et, à fortiori, celles en acier.

L'invention de certaines armes, les perfectionnements apportés à d'autres, à l'artillerie surtout, par la découverte de la poudre et des autres engins de destruction, prouvent une chose triste à dire et à constater : c'est que rien ne paraîtrait impossible à la civilisation, si on eût employé à la production pacifique des richesses et à leur équitable répartition, toute l'intelligence et tous les moyens qu'on a dépensés pour l'art de la guerre.

Après ce qu'il vient d'être dit, une question toute naturelle nous vient à l'esprit : Quelle est l'origine des armes? Les armes, considérées comme moyens auxiliaires d'attaque et de défense collectives, eurent leur origine du fait même d'avoir des armées et de s'en servir; car, il existe, dans chaque nation autant de changements d'armes que de changements de mœurs (1). Lorsque Rome, ayant conquis une grande, sinon la plus grande partie du monde alors connu, fut devenue riche et puissante ; que le luxe et les habitudes de mollesse furent devenus une occupation sérieuse de la vie, les soldats — rudes guerriers qui avaient foulé le sol de l'Europe depuis le Pont Euxin jusqu'à la Manche et celui de l'Asie, depuis le détroit des Dardanelles jusqu'au golfe persique — devinrent les maîtres réels de l'Empire en se livrant à celui qui les payait le mieux ou qui savait le mieux flatter leurs passions. Aussi, à partir de cette époque, nous les voyons se relâcher dans leurs mœurs et abandonner les armes puissantes, au moyen desquelles ils avaient subjugué l'univers, pour s'habiller, se couvrir davantage et s'armer de moins en moins jusqu'à ce qu'ils fussent eux mêmes asservis par leurs propres vainqueurs auxquels ils avaient appris la guerre.

De cette simultanéité de changements de mœurs et d'armes, il en résulte encore que chaque peuple différent possède ses armes spéciales, et cela se comprend sans peine : un Iroquois n'ira pas se servir des armes que nous possédons actuellement, et un Sybarite n'eût pu être armé comme un Germain

(1) On doit remarquer que ce qui a le plus contribué à rendre les Romains les maîtres du monde, c'est qu'ayant combattu successivement contre tous les peuples, ils ont toujours renoncé à leurs usages sitôt qu'ils en ont trouvé de meilleurs (Montesquieu, Grandeur et décadence des Romains).

Un peuple doit donc avoir et se servir, non pas des meilleurs armes en elles-mêmes, mais bien de celles qui lui conviennent le mieux, car les peuples ne sont pas faits pour les armes, mais les armes pour les peuples.

Chez les différents peuples, toutes les troupes n'étaient pas habillées ou armées de la même manière. De tout temps, depuis l'organisation des armées, chaque nation eut des soldats armés différemment les uns des autres, suivant l'emploi auquel on les destinait : les troupes légères, celles qui devaient éclairer la marche des armées étaient pourvues d'autres armes que celles qui devaient, par leur poids et leur choc, appuyer et terminer les actions engagées. Celles-ci avaient naturellement des armes plus lourdes que les premières.

Les premières armes offensives que nous avons citées sont les *marteaux* ou *maillets*, les *massues* et les *fléaux*. Inutile, sans doute, de donner une description du marteau (du latin *martellus*) qui doit n'avoir subi d'autres changements progressifs que dans la matière dont il est formé, et les usages auxquels il est surtout destiné, car c'est plutôt un outil qu'une arme. Une arme bien redoutable cependant, se nommait *marteau d'armes*. C'était au bout d'une hampe assez longue, un bec de corbin, d'un côté ; de l'autre, un maillet taillé à quatre pointes de diamant ; une autre pointe allongée terminait la hampe. On s'est beaucoup servi de cette arme à la bataille de Crécy, en 1346.

Le *maillet*, entouré de plomb, armait des fractions considérables de troupe, qui, sous le règne de Charles VI, prenaient le nom de *maillotins*. Ce dernier mot se rapporte, cependant, plus à un incident révolutionnaire, arrivé en 1381, qu'à la fraction constituée de troupe. L'évènement, auquel nous faisons allusion, eut lieu à Paris, à cause de la proclamation d'une taxe nouvelle dont le produit était destiné à payer les folles dépenses de la cour, le peuple se rua sur les crieurs publics et les tua au moyen de maillets en plomb, qu'il trouva à l'arsenal, et dont il s'empara.

Les *massues* qui sont les premières armes réellement offensives, ne furent guère, dans le principe, qu'un bâton assez court, beaucoup plus gros à un bout qu'à l'autre; les Romains garnirent ce gros bout de clous, et, dans des mains puissantes, les massues devinrent des armes réellement redoutables. Il existe, dans quelques musées, des *masses d'armes*, supérieurement ouvragées et magnifiquement décorées. Dans les anciens monuments, on remarque, à l'extrémité de la poignée de ces armes, une courroie formant anneau, semblable à celle que les marchands de bétail portent à leur bâton et dont on se servait, sans doute, comme d'une dragonne. Cette arme vécut bien plus longtemps que la simplicité de sa conception, ne pourrait le faire croire, car des ordonnances du temps de François Ier, — milieu du XVIme siècle — indiquaient les troupes qui devaient s'en servir. Celle dont se servait le preux Roland, à Roncevaux, consistait en un bâton de près d'un mètre de long, assez gros; à l'une de ses extrémités était attachée, par trois chaines, une grosse boule de métal pesant quatre kilos. Il fallait, à la fois, beaucoup d'adresse et de vigueur pour manier une arme pareille et s'en servir avec succès. (1)

Le *fléau*, (du latin *flagellum*, dont on a fait *fluel*, et en suite *fléel*), qui n'est rien autre chose qu'une massue modifiée et dont on s'est beaucoup servi au moyen-âge, est formé de deux bâtons de longeur inégale réunis par une courroie ou des chaînons. Le plus court des deux bâtons en est le plus gros et le plus dur; il fut également garni de fer et de clous. L'usage du fléau se continua jusqu'au XIVme siècle.

Les armes d'hast qui viennent ensuite, sont : la *hache* (du latin *ascia*), véritable massue tranchante, dont on s'est encore servi longtemps après la

(1) L'arme de cette espèce, dont la cavalerie, au moyen-âge, se servait d'une seule main, pesait de 12 à 15 kilogrammes; celle qui était à l'usage des fantassins, et qui se manœuvrait à deux mains, avait jusqu'à 2m30 et 2m60 de longueur. (Traité d'artillerie théorique et pratique, par G. Piobert. Bruxelles, 1838, in-8°, p. 3.)

découverte de la poudre, fut fabriquée d'abord en pierre, puis en os et enfin en métal. Nos ancêtres, les Gaulois et les Francs du moyen-âge, en ont fait un terrible usage. Elle n'avait d'abord — lorsqu'elle fut faite en métal — qu'un seul tranchant, avec un marteau à l'opposite, on en forma dont le tranchant affectait la forme d'un croissant, fort aigu aux deux pointes. Sous Charles VII, c'est-à-dire vers les premières années du XVe siècle, elle n'avait plus de marteau : la douille en fer se prolongeait jusqu'au delà du manche et se terminait en pointe aiguë, de manière qu'avec la hache seule on pouvait porter des coups d'estoc et de taille. Dans d'autres haches, un dard aigu remplaça le marteau. On s'est servi de la hache d'armes, en France, jusque pendant la seconde moitié du XVIe siècle. Elle a été beaucoup plus employée dans les combats navals qu'ailleurs ; celles dont on se sert encore pour ces sortes d'actions sont armées d'un côté, d'une longue et forte pointe en fer qu'on plante dans les agrès du vaisseau ennemi pour en faciliter l'abordage.

Il est assez curieux d'examiner comment étaient fabriquées et surtout emmanchées, les plus anciennes haches de pierre qu'on connait. Les premières, faites de la pierre la plus dure possible, ou silex, n'ont certes, pu être taillées de manière à recevoir un manche : c'est le contraire qui a eu lieu. Ce manche fendu — car il ne pourrait être charpenté puisqu'on manquait d'outils — a reçu, dans la fente, un caillou ou hache tellement taillé — au moyen d'autres cailloux — qu'il pouvait trancher. Ce caillou, dont les bords, à sa partie postérieure, étaient relevés en forme de demi-douille de chaque côté, c'est-à-dire, où était creusée une espèce de rainure, et, enchâssé dans la fente du manche, y était solidement maintenu au moyen de harts, de bandes de peau ou de nerfs. Ces haches étaient, certes, grossièrement ébauchées ; on en remarque, cependant, qui dénotent des traces d'un travail plus soigné : celles nommées *haches des dolmens,* qui offrent la forme d'un grand œuf aplati, sont polies avec soin et ont une galbe réellement artistique.

Une autre manière d'emmancher les haches, encore en usage parmi certains peuples sauvages, est de placer une pierre ou caillou taillé ad-hoc, entre la fourche d'une grosse branche d'arbre encore vivant, d'assujettir le tout et de laisser croitre l'arbre, qui, au bout de peu de temps, finit par ne plus former qu'un tout solide et compact. Les Gaulois ont probablement connu et mis ce système en pratique.

Voici d'après les suppositions les plus vraisemblables, comment les haches en pierre se taillaient : l'ouvrier choisissait un caillou ayant déjà une tendance générale à la forme qu'elle devait avoir ; puis, avec une seconde pierre, il frappait à petits coups secs sur la première, de façon à en détacher des éclats ; ceux-ci ne se détachaient pas du côté frappé, mais de la surface opposée, celle qu'il ne voyait pas. Il fallait donc remplacer la vue par une certitude de main assez difficile et assez longue à obtenir.

Parmi les haches découvertes en différents endroits et réunies dans les musées publics ou collections particulières, on en remarque des exemplaires en os de races d'animaux disparus de nos contrées et qui assignent, par conséquent, à l'homme, un âge auquel on avait presque pas osé songer avant ces découvertes. Ces fouilles ont amené les géologues et les archéologues à diviser l'âge de pierre en plusieurs périodes distinctes et correspondant à des degrés différents de civilisation. (1) Les haches en pierre sont ainsi classées en deux catégories : celles qui étaient taillées par éclat, non polies et cel-

(1) M. Louis Figuier, dans son livre : « L'homme primitif, Paris, Hachette, 1870, » classe ainsi les différentes époques de l'âge de la pierre : époque du grand ours et du mammouth, ou des animaux d'espèces éteintes ; époque des animaux contemporains émigrés ou époque du renne ; enfin, époque des animaux contemporains asservis, ou époque de la pierre polie. Il classe également l'âge des métaux en deux époques : Époque du bronze et époque du fer.

Le même auteur assigne, d'après les calculs établis par différents savants, une antiquité de six à sept mille ans avant l'ère chrétienne pour l'âge de la pierre en Suisse, et une antiquité de quatre mille ans avant la même ère, pour l'époque du bronze (ouvrage cité ci-dessus, p. 362).

les dont les exemplaires sont polis et qui offrent les traces d'un travail beaucoup plus soigné. (Voir sur les âges de pierre et de bronze la première note de la 3me conférence.)

La *Francisque* (vieux mot *franc*.) arme préférée des Francs, était une hache à manche court et à fer très-épais. Les Francs se servaient de cette arme de deux manières : d'abord comme on se sert habituellement d'une hache, en frappant; ou bien, ils la lançaient au loin avec une habileté extraordinaire contre le bouclier qu'elle fracassait, ou à la tête de leur ennemi qu'ils cherchaient ainsi à décapiter. On n'est pas certain de la date à laquelle on ne s'en est plus servi.

La *lance* (du latin *lancia* ou *hasta*, d'où est venu le mot *hast*), et la *pique*, consistaient toutes les deux en un manche ou hampe très longue, se terminant, à la partie antérieure, par un fer aigu qu'on a rendu dentelé de manière à ne pouvoir être retiré que difficilement de la blessure, ou en l'agrandissant; et à la partie postérieure, d'un autre fer, nommé *sabot*, pour établir une sorte de contrepoids et pouvoir être fiché en terre. Le fer destiné à blesser reçut différentes formes, et, à l'époque des croisades, la lance portait déjà la *banderole* qu'on y voit encore maintenant. Les cavaliers se servaient, dans les tournois, d'une lance à gros manche creux nommée *bourdon*. La lance devint l'arme principale de la cavalerie et la pique celle de l'infanterie.

Lors de l'expédition des Gaulois en Grèce, chaque *lance* comprenait trois hommes : un maître et deux serviteurs ; l'un de ces derniers prenait la place du maître et était remplacé à son tour par son camarade en cas de mort. Sous Charles VII, l'ordonnance de 1446 compte six hommes pour une lance, car, à cette époque — nous l'avons vu — la cavalerie était composée exclusivement d'hommes nobles. Pline attribue l'invention de la lance aux Etésiens. (1) On appelait, à l'époque de la chevalerie, *lance à outrance* ou *lance à fer émoulu*, celle dont on se servait dans les combats singuliers, lesquels devaient se terminer par la mort de l'un des combattants ou champions. La *lance courtoise*, *mousse*, *frettée* ou *mornée*, était une arme, dont le fer, au lieu d'être acéré, était garni d'une espèce d'anneau appelé *frette* ou *morne*. La *lance brisée*, était à demi-sciée, près du bout, afin de se rompre plus facilement dans la rencontre des deux chevaliers.

(1) Le lecteur ne doit point s'étonner si, dans tout le cours de nos conférences, et malgré les nombreuses sources auxquelles nous avons puisé des renseignements, nous n'indiquons que bien rarement l'époque précise d'une découverte, d'une invention. C'est autant, sinon plus, des armes que d'autre chose, qu'on peut dire avec Vossius, philosophe et littérateur allemand, né en 1577 : « Il n'est aucune connaissance, aucune « invention, qu'on puisse rapporter à un seul homme, pas « même à un seul peuple, à un seul siècle. »

La lance était le symbole de la force virile : c'est dans ce sens qu'on disait en France que le trône ne devait point *tomber de lance en quenouille.*

La lance formait, dans le principe, une arme de jet, à l'instar du javelot. Si on a changé la manière de s'en servir, cela tient à ce que les hommes d'arme occidentaux, emprisonnés dans leur armure en fer, n'avaient point, ne pouvaient point posséder l'agilité et la souplesse nécessaires pour manier cette arme comme le javelot. La lance, introduite dans l'armée française sous le règne de François Ier seulement, fut abandonnée pour les armes à feu puis reprise lors de l'apparition des hussards dans la cavalerie, sans compter que les chevaliers seuls eurent pendant longtemps le droit de la porter.

La *pique* (du latin *spica*), est une des plus anciennes armes qu'on connaisse. Pline prétend cependant qu'elle fut inventée par les Lacédémoniens. C'est à la pique, nommée en flamand *godendag* (expression vicieuse signifiant *bon jour* — parce que les Flamands accostaient ainsi l'ennemi qu'ils embrochaient — et qui, de corruption en corruption fournit le mot *étendard*), que les Belges durent le gain de la bataille des Éperons d'or, le 11 juillet 1302. (1) On s'est beaucoup servi de la pique jus-

(1) Voici comment Guillaume Guiart, décrit les armes sous les coups desquelles tant de Français succombèrent dans la plaine de Groningue :

qu'au commencement du XVIIIe siècle; on en a forgé et on l'a encore employée pendant la grande révolution française. Les Turcs de Hongrie, se servaient, pour aller en partie, d'une espèce de pique courte, nommée *Megg*, ayant la forme d'une broche à rôtir, et avec laquelle ils perçaient leur ennemi à quelque distance. Ils l'attachaient à leur selle, sans pour cela, oublier leur sabre.

A grans bastons pesans ferrez,
A un lonc fer agu devant,
Vont (les Flamands) ceux de France recevant.
Tiex bastons qu'ils portent en guerre
Ont nom *Godendac* en la terre,
Goden-dac, c'est *Bonjour* à dire,
Qui en français le veust descrire.
Cil bastons sont lonc et traitiz,
Pour férir à deuz mains faitiz,
Et quant l'en en faut au descendre,
Se cil qui fiert i veust entendre,
Et il en sache bien ouvrer.
Tantost puet son cop recouvrer,
Et férir, sans s'aler moquant,
Du bout devant, en estoquant,
Son ennemi parmi le ventre.
Et li fers est aguz qui entre,
Légèrement de plainne assiète,
Partouz les lieuz où l'on en giète,
S'armeures ne le détiennent.

(Cité dans l'ouvrage « Bataille de Courtrai ou des Éperons d'or, gagnée par les Flamands, en 1302, par M. Goethals-Vercruyssen, traduit par M. A. Voisin, Gand, 1834, p. 41.)

La lance et la pique ont fourni le principe de la plupart des armes d'hast dont nous allons nous occuper.

La *sarisse* était l'arme dont se servaient les *Hoplites* — soldats grecs pesamment armés —, ressemblait à la pique et avait une hampe de huit à neuf mètres de long. (1)

La *falarique*, plutôt arme de trait ou de jet qu'arme d'hast, était un projectile redoutable dont se servaient, avec succès, les Sagontins (habitants de Sagonte, ville d'Espagne, alliée des Romains et ennemie jurée de Carthage), et qui fut employée jusqu'au XVIe siècle. Elle consistait en une hampe ronde de sapin, et portait un fer de trois pieds de long, de manière à pouvoir transpercer l'armure et le corps. Ce fer était entouré d'étouppe goudronnée et embrasée au moment où on le lançait. Le soldat, atteint par cette arme, dont le jet activait la flamme, était effrayé, jetait ses armes et s'exposait ainsi aux coups de son ennemi.

(1) On pourrait croire apocryphe la longueur de hampe de cette arme : il n'en est rien cependant. L'étonnement cessera, peut-être, quand on aura réfléchi que les hoplites, en phalanges, étaient rangés sur seize rangs de profondeur. Les cinq premiers rangs tendaient leur sarisse en avant; les autres la tenaient presque droite, appuyée sur l'épaule de chaque rang précédent; le tout servait à arrêter l'assaillant et à se garantir des traits, flèches et javelots lancés sur eux. (Encyclopédie générale, tome II, article *armes*, page 588.)

Le *pilum*, une des armes principales des Romains, subjugua l'univers, dit Montesquieu. On crut pendant longtemps que c'était un épieu, quoiqu'il ne ressemblait en rien à ce qui porte ce nom. Il était formé d'un fer très large, porté sur une douille de 0m45 de long se renforçant vers sa base. Le trait saillant de cette arme redoutable, c'est que, vers les trois quarts de sa longueur totale, laquelle était d'environ 1m40, elle présente un renflement en métal tel « qu'un gros peloton enfilé dans une broche ». On s'en servait comme arme d'hast et comme arme de jet; mais pour ce dernier usage il fallait des soldats d'élite pour en tirer un parti convenable, car le pilum était d'un poids considérable. Son renflement servait à parer les coups d'épée ennemis Le bourrelet qu'on distingue dans cette arme avait, pour but, le même objet que ce qui est rapporté, ci-après, d'Agathias, à propos du javelot franc. Les Romains ne durent pas attribuer leurs succès à la valeur intrinsèque du pilum, mais bien à ce que son poids exceptionnel et la difficulté de son maniement obligeaient leurs soldats à un violent exercice continuel, les forçaient à user de courage, de sang froid, et faisaient de chacun d'eux en particulier, un guerrier achevé. C'est ainsi, croyons-nous, qu'il faut comprendre l'expression de Montesquieu.

L'*esponton*, était une demi-pique que portaient les officiers d'infanterie, sous les règnes de Louis XIII,

Louis XIV et de Louis XV. Son usage fut aboli, vers 1710, pour les officiers subalternes, mais les officiers supérieurs la gardèrent jusque vers 1756.

La *guisarme*, est une de ces armes, dont l'effet devait être terrible, surtout lorsqu'elle était employée par des mains robustes et bien exercées. Elle se compose d'un fer de lance très-long, accompagné d'une double hache fort large. La guisarme, abandonnée au XIVe siècle, fut reprise au XVIe, mais sous d'autres dénominations, et avec des complications dans les dentelures du fer que porte la hampe. Au XIIe siècle, il existait un corps de *guisarmiers* en France. Nous trouvons, dans un ouvrage sur la fortification, publié en 1786, par M. Trincano, qu'on recommandait encore, à cette époque, de placer aux angles des redoutes, cinq ou six fantassins armés de guisarme à hampe d'environ quatre mètres de long, soutenus par autant de fusiliers. Elle céda sa place, vers le XVe siècle, au *fauchard*, vilaine arme s'il en fut : qu'on se figure un immense fer de faux emmanché autrement (c'est-à-dire en sens inverse), que ne l'est la faux réelle. On sait que la *faux* fut beaucoup employée comme arme de guerre; l'usage de cette dernière est si ancien qu'on ne peut presque pas lui fixer d'âge. Elle fut aussi désignée comme arme de siège réglementaire sous le règne de Louis XIV, vers 1698. Le fauchard, qui s'employait beaucoup sur mer, subit d'assez importantes complications : on y ajouta deux pointes; l'une à son extrémité supérieure et l'autre à angle droit sur le dos de la lame.

Une autre arme d'hast assez singulière est la *corsesque*, qui se compose d'un fer de lance d'une longueur énorme et de deux autres lames tranchantes et recourbées, qu'un mécanisme très simple permet de rabattre sur le manche. Il y eut aussi des *fourches de guerre* démésurément longues.

Le *vouge* était formé d'une longe lame tranchant d'une côté et terminée en pointe aigüe. On s'en servait au XVe siècle, et on en rencontre rarement. Il existait cependant un corps de *vougiers* et certains archers étaient armés du vouge.

La *hallebarde* (de *halle*, porche, portique, et *wart* — deux mots allemands — radical de *warten*, attendre, garder), devenue un hochet inoffensif, était composée de la hache par le fer et de la lance ou pique par la hampe. Elle fit son apparition après toutes les armes dont nous venons de parler et servit, dans l'armée française, vers le XVIe siècle. Les sergents la portaient encore au commencement du règne de Louis XVI, époque à laquelle on leur donna seulement un fusil. C'est pour cette raison qu'il n'y a pas bien longtemps encore, les sous-officiers se trouvaient au port d'armes tel qu'il existe actuellement, tandis que le reste de la troupe s'y trouvait au bras gauche. Ce fut la dernière arme d'hast. Elle était encore portée, du temps du premier Empire français, par les quatre sous-officiers chargés de la garde du drapeau, dans les régiments d'infanterie.

La *pertuisane* (du vieux mot français *pertuis*, trou) ; qu'il ne faut par confondre avec l'arme précédente, date de la même époque, mais toutes les dimensions du fer de la pertuisane sont plus développées. La longueur de la hampe ne dépassait pas la taille d'un homme ordinaire. Elle fut en usage, dans les troupes, depuis le règne de Louis XI — vers 1430 — jusqu'à 1670. Il est assez difficile, paraît-il, de distinguer — à première vue — une guisarme d'une hallebarde ou d'une pertuisane.

Nous avons vu que presque toutes les armes que nous venons de passer rapidement en revue étaient d'un poids bien autre que celui de celles dont nous nous servons actuellement. Aussi, chez les anciens, la force du corps — qu'on n'acquérait que par l'exercice — faisait elle la force des armées. Si aujourd'hui, même dans nos plus grandes manœuvres et nos exercices les plus violents, il nous fallait déployer la même somme de forces corporelles que celle dont les anciens avaient besoin, jusque dans leurs jeux mêmes, nous considérerions ces exercices comme nos plus grands ennemis, ce qui n'est cependant, que le résultat du trop peu de mouvements violents auxquels nous devons nous livrer.

La *baïonnette*, dans son principe, est une arme d'hast, car elle ressemblait au fauchard. Elle eut ensuite, de même que maintenant, une lame triangulaire et fut montée sur un manche en bois qu'on enfonçait dans le canon du fusil après avoir tiré et dont on se servait alors, comme d'une pique. On croit généralement que l'invention de la baïonnette est due à un simple incident de combat arrivé en 1641, entre des paysans basques et des contrebandiers. Les Basques avaient épuisé leurs munitions et se voyaient réduits à l'impuissance, lorsqu'il leur vint à l'idée d'attacher leurs longs couteaux au bout de leurs mousquets. Grâce à ce moyen, ils eurent raison de leurs adversaires. Cet évènement fit du bruit et amena la création de la baïonnette, qui — on le sait — prit ce nom de *Bayonne*, ville française, où on fabriqua pour la première fois cette arme. (1) Quelques années après, en 1649, on imagina d'adopter un manche à la baïonnette et on l'enfonçait dans le canon, ou on la vissait à l'extrémité de ce dernier pour se servir de ce tout comme d'une pique, mais on dût renoncer à ce mode d'emploi qui paralysait le tir, et n'assujettissait pas la baïonnette avec une solidité suffisante. Ce fut le général anglais Mackay, qui, en 1691 — donc, cinquante ans après son invention — trouva

(1) Certains auteurs, et M. W. Maigne, entre autres, prétendent que le mot *baïonnette* désignait dès 1571, une lame de couteau attachée à un bâton et que ce n'est qu'en 1642, pendant la campagne de Flandre, qu'il fut employé à dénommer une arme de guerre.

la *baïonnette à douille*. Cette modification permit de se servir de cette arme sans interrompre le tir, alors même qu'elle était attachée au mousquet.

Les *épées* (du grec *spathe*, dont les Latins ont fait *spata*, les Italiens *spada* et les Espagnols *espada*), et les *sabres*, (de l'allemand *saebel*, épée courte,) sont des armes de main très-anciennes, l'épée surtout Celles dont les premiers Grecs se servirent étaient en bronze. Tous les anciens peuples se sont beaucoup servis de l'épée dont il est inutile de rechercher l'origine. Peu d'armes, dont le principe aussi simple que celui de l'épée, ont reçu autant de dénominations différentes, de modifications plus ou moins importantes, et se sont vues l'objet d'autant de parties additives, soit dans un but d'ornementation, soit dans un but d'utilité, que l'épée. Voici quelques uns des différents noms donnés à des armes se rapprochant plus ou moins de l'épée. Le *poignard* ou *stylet*, que tout le monde connaît et qui servit dans les armées du moyen-âge; l'*estoc* (de l'allemand *stoch*, souche) ou *espadon*, épée longue et lourde; la *claymore*, arme nationale des Écossais, épée longue et lourde; la *dague* — qu'on nommait aussi *main gauche* servait à parer les coups portés par l'épée de l'adversaire —; la *miséricorde*, le *braquemard* et le *malchus* — cette dernière était plus particulièrement l'arme des Italiens — sont des armes ressemblant à l'épée, mais plus courtes et dont les autres dimensions —

surtout près de la poignée ou garde — sont très fortes; la *colichemarde*, *brette* ou *rapière*, sortes d'épées de duel, très portées sous les règnes de Louis XIV et de Louis XV. Outre un grand sabre droit ou recourbé que portaient les hussards, quelques-uns, surtout les hussards allemands, avaient encore une épée longue de cinq pieds, nommée *pallasch*, qu'ils attachaient à leur cheval, depuis le poitrail jusqu'à la croupe, au défaut de la selle. Ils s'en servaient pour embrocher leur ennemi, en appuyant leur pallasch contre le genou.

Plusieurs épées, portées par des chefs brillants, furent baptisées et célébrées par des poëtes : celle dont Charlemagne se servaient d'habitude, était appelée *Joyeuse;* celle qu'il donna au paladin Roland, *Durandal*. Cette dernière était, dit-on, d'une telle trempe que Roland, pour ne pas la laisser entre les mains des Sarrasins, essaya de la briser contre une montagne, laquelle fut fendue en deux et laissa l'épée intacte. Les *épées à deux mains*, entre autres distinctions, affectaient quelquefois la forme *flamboyante;* on sait le vaillant usage que Godefroid de Bouillon faisait de la sienne. On voit sur plusieurs tableaux ou gravures à sujets très-anciens, un roi ou un empereur dont une des mains supporte une épée droite et dans l'attitude d'un commandement pacifique, la pointe de l'arme en l'air. C'est le *parazonium*. Les Espagnols acquirent — de la moitié du XVIe siècle jusqu'au XVIIIe — une réputation méritée et, pour ainsi dire, le monopole exclusif de la meilleure fabrication des armes et surtout des armes blanches. A ces sortes d'armes se rattache le *fleuret*, épée flexible à lame carrée et sans tranchant dont on se sert pour apprendre une partie de l'escrime.

Le *sabre* est d'origine orientale. Les premiers étaient en fer et se faussaient au premier choc. Le *coutelas* ressemble au sabre, mais la lame, au lieu de diminuer de largeur vers la pointe, augmente au contraire, de cette dimension, pour finir tout d'un coup. Le sabre diffère de l'épée en ce que, l'épaisseur de la lame qui se trouve au milieu dans cette dernière, va dans le sabre, s'amincissant, à partir du dos, pour ne former qu'un seul tranchant. Les Francs des rois de la première race avaient un sabre, nommé *scramax*, sorte de dague lourde et large, d'environ 0^m50 de long et 0^m5 de large, pesant un kilo et qu'on portait à la ceinture. La lame de ce sabre était *caraxée*, c'est-à-dire, creusée de deux sillons sur chaque face, près du dos, et dans lesquels on infiltrait du poison. C'est avec une arme semblable que Sigebert fut assassiné, et que Frédégonde se défit de Prétextat, évêque de Rouen.

Certains sabres ont aussi eu leurs poëtes, surtout chez les princes asiatiques, qui, plus que tout autre, tenaient beaucoup au luxe des armes. Ainsi un des sabres conservés par l'Empereur du Mogol a reçu le nom d'*alam quir*, qui signifie ***conquérant de la terre;*** un autre, ***sale alam***, ou ***vainqueur du monde***.

Le *cimeterre*, est un sabre oriental très lourd et fortement recourbé. Le *yatagan*, dont les Arabes et les Turcs surtout se sont servis, ressemble beaucoup au coutelas, dont la lame oblique forme une courbe rentrante vers la pointe. C'est moins une arme de combat qu'un instrument qu'ils emploient pour trancher la tête de leur ennemi renversé. Le *bandelaire*, est un autre sabre resemblant beaucoup au cimeterre et au yatagan; c'est aussi le nom de l'épée de Charles-le-Chauve.

L'exécuteur des hautes œuvres d'une certaine contrée du Levant, se servait, pour les exécutions dont il était chargé, d'une arme assez curieuse : c'était un sabre ou coutelas bien effilé, mais creux et dans la cavité duquel se trouvait une assez grande quantité de mercure — métal liquide très-lourd — et cela, dans le but que voici : en levant au-dessus de sa propre tête le sabre en question, le bourreau faisait arriver le mercure vers la garde; en le laissant retomber sur le cou du patient, le métal liquide se transportait à la pointe de l'arme, et, faisant ainsi contrepoids, facilitait de beaucoup la décapitation.

Après les armes que nous venons de citer viennent les ***armes de jet*** ou ***nécrobalistiques***. Parmi elles, figurent en premier lieu : l'***épieu*** (en vieux langage *espie*, et qui est plutôt une arme de chasse qu'une arme de guerre) ou *spaar*, la *javeline*, *trait* ou *javelot* qui est plus court. Ces armes consistaient en une sorte de dard long, aigu et menu, qu'on lançait avec la main. On se servait aussi quelquefois de l'épieu comme d'une pique. Le javelot des *vélites* — soldats romains armés légèrement et qui remplissaient le rôle d'éclaireurs — était une sorte de dard dont le bois, d'environ un mètre de long, supportait un fer de 20 à 25 centimètres. La javeline était plus longue : sur un bois de $1^{m}50$ se trouvait un fer de lance très aigu de $0^{m}30$ à $0^{m}35$. Au talon de l'arme on voyait une masse en plomb d'environ un quart de kilog; on se servait de cette arme à pied et à cheval. Les cavaliers adroits à se servir de la javeline étaient regardés comme invincibles. La pointe de toutes ces armes fut tellement amincie qu'elle se cassait au moindre choc, afin que, dans la mêlée, l'ennemi ne put les renvoyer. (1)

Voici ce qu'Agathias, ancien auteur romain, écrivait au sujet du javelot des Francs, nommé aussi *hang* ou *angon* (du latin *uncus*, crochet) : « Leurs

(1) Au XVIe siècle, les mamelouks combattant à cheval, étaient munis d'un *djoukan*, sorte de bâton à panne recourbée et pointue dont ils se servaient pour briser les cottes de mailles, et aussi pour ramasser sans descendre de cheval leurs javelots ou *djérids* tombés par terre, lorsque ceux-ci ne portaient pas. (Magasin pittoresque, année 1846, p. 11.)

« javelots, dit-il, peuvent servir de demi-piques ou « d'armes de jet ; ils sont garnis de fer partout « excepté à la poignée, leur pointe est armée de « dentelures de chaque côté et qui sont destinées « à retenir l'arme dans la blessure. Si le javelot « donne dans le bouclier — qui était très long, à « cette époque — il y demeure embarassé et sus- « pendu par sa pointe et par ses crocs. Long et « pesant, il traîne à terre et ne peut être arraché, « ni coupé. En ce moment, le Franc s'avance en « sautant, met le pied sur le bout inférieur du jave- « lot, et, appuyant dessus comme sur un marche- « pied, oblige son ennemi à pencher son bouclier « et à se découvrir ; alors avec la hache ou l'épée, « il le frappe au visage ou à la tête et le tue. » D'autres auteurs parlent d'une corde attachée au hang et que le soldat attirait vers lui pour obliger son adversaire à se découvrir, après avoir, bien entendu, été atteint par cette arme ; quelques autres pensent que le hang était la framée, laquelle disparut des armées sous les rois de la première race; néanmoins le hang fut encore employé accidentellement jusqu'à la seconde moitié du XVIe siècle; au XIVe, on se servait beaucoup d'une lance ayant plusieurs rapports avec le hang.

La *zagaie* (de l'espagnol *azagaia*) est un javelot employé avec beaucoup d'adresse par plusieurs peuplades sauvages. Les Australiens se servent d'une lance comme arme de jet, avec une adresse et un succès qui méritent d'être rapportés : cette lance a une longueur de plus de trois mètres; elle est très mince, formée d'un roseau ou de bois et terminée par une pointe barbelée. On comprendrait difficilement comment une pareille arme pourrait être lancée à n'importe quelle distance, mais nous devons ajouter la manière dont il s'en servent : ils tiennent dans la main droite une sorte de bâton droit et plat d'environ un mètre de long, terminé par un tuyau d'os ou de plume dans lequel est fixée l'extrémité de la lance, — ce bâton plat est appelé *wummera* — tandis qu'ils se servent de la main gauche pour manier la lance; avant de la lancer, ils impriment à l'arme un mouvement vibratoire qui permet de viser avec plus de précision ; quand on lâche l'arme, le wummera reste dans la main. On raconte leur avoir tuer, avec cette arme, un oiseau de la grosseur d'un pigeon, à plus de 30 mètres de distance; ils s'en servent même pour pêcher. Du reste, les sauvages emploient, avec de remarquables effets, bien d'autres armes encore, et dont l'usage nous est, à peu près, inconnu : ainsi le *bommerang* ; sorte de bâton courbé, long d'environ un mètre et dont on se sert à la chasse et à la guerre, voici comment : on saisit ce bâton par un bout et on le lance comme une faucille, soit en l'air de bas en haut, soit de haut en bas, de façon qu'il puisse frapper la terre à quelque distance de celui qui l'a lancé. Dans le premier cas, le bâton, après être monté pendant un certain temps, va retomber sur le but et produit le même effet que la chute d'une tuile. Une autre manière plus curieuse encore est celle-ci : le sauvage considère le but par rapport à sa position, à son éloignement, puis se retourne et lance presque verticalement son bommerang qui s'élève et va retomber, par dessus la tête du guerrier ou du chasseur, sur l'objet désigné. D'autres peuples — les Patagons entre autres — se servent très avantageusement de la *bola* et du *lasso*, qui se composent tous deux de cordes et de boules en pierre ou en métal, mais dont les usages sont différents : pour se servir de la bola, on fait tourner les deux boules au-dessus de la tête et, à un moment donné, on les lâche en retenant la corde. Le coup ainsi donné est d'une violence extrême et ressemble à celui donné au moyen d'une longue et flexible massue. On emploie le lasso d'une manière différente : au lieu de faire tournoyer les boules, on brandit le bras et on en lâche une en ligne droite comme une pierre, en retenant l'autre. La boule lancée, en atteignant le but, cause le même effet qu'une boule ordinaire, assomme; si elle passe à côté, elle revient autour par un mouvement circulaire qui fait enrouler la corde, et il est alors facile de s'emparer de sa proie. Quoique cela paraisse facile, il faut cependant beaucoup d'habitude et une grande adresse pour se servir avantageusement de ces deux armes.

La *framée* (de l'allemand *framen,* lancée), arme estimée des Francs, que quelques auteurs croient — nous l'avons dit déjà — un javelot court, tandis que d'autres en font une épée à deux tranchants, ou un poignard caché dans un bâton, ou bien encore, une espèce de lance, fut abandonnée lorsque ce peuple forma une armée régulière.

Les Grecs et les Romains se sont beaucoup servis du javelot et de la javeline comme arme de jet — les héros de l'antiquité faisaient grand cas et avaient en honneur l'adresse qu'ils acquéraient à lancer au loin de gros projectiles qui fracassaient les boucliers. Nous nous servirions peut être encore de ces armes si le bras de l'homme était assez fort et assez nerveux pour lancer à n'importe quelle distance, un projectile quelconque. Aussi, voyons nous venir, dans l'historique des armes offensives, pour aider le bras humain, la *fronde* (du latin *funda*). On ne connaît pas bien l'invention de cette arme qui est d'une ancienneté incontestable (1) et qui consiste en un morceau d'étoffe, ou de cuir, nommé *culot*, suspendu à deux cordes et servant à lancer des pierres, des balles de plomb et même des traits. Voici, d'après Tite-Live, la description d'un de ces derniers projectiles, inventés lors de la

(1) Les Grecs et les Romains en attribuaient l'invention aux Etésiens, ou aux Ascaniens; d'autres, aux habitants des îles Baléares.

guerre contre Persée. « Un fer de lance de 0m50 « de long était monté sur un bois de 0m25 à 0m30 « de long et de 0m02 d'épaisseur; il était garni à sa « partie postérieure et pour conserver l'équilibre, « de trois ailettes, comme on en voit aux flèches; « on le plaçait au milieu d'une fronde munie de deux « paires de courroies inégales et il s'échappait par « un mouvement de rotation imprimé à la corde. » Le projectile se place — comme on vient de le voir — sur le culot, les bouts libres des cordes dans la main ; on fait tournoyer la fronde en lui imprimant peu à peu une vitesse progressive de rotation, et, lorsque la vitesse acquise est la plus grande possible et que le projectile se trouve dans la direction voulue on lâche une des cordes en retenant l'autre; la fronde s'ouvre, et, en vertu d'un phénomène bien connu en physique, celui de la force centrifuge, le projectile s'élance par une tangente au cercle décrit, et devient capable de frapper avec force les obstacles rencontrés. Cette tangente est horizontale, verticale ou élevée à 45°, suivant le point de la courbe qu'elle quitte : si la fronde a accompli un tour entier et qu'elle s'ouvre au moment où elle passe près de terre, le projectile s'élance horizontalement en avant ; si elle s'ouvre après le premier demi-tour — immédiatement après le mouvement où elle est arrivée au plus haut degré d'élévation de la course — la pierre vole horizontalement en arrière ; à 90° d'élévation, elle s'élance verticalement; et vers 45°, dans le premier demi-tour, elle monte légèrement en avant, décrit une trajectoire dans la position la plus favorable pour retomber de plus haut et le plus loin possible.

La fronde armait les soldats les moins valeureux des anciennes armées; ces frondeurs se tenaient en arrière des héros et l'on vit des cavaliers romains accusés de lâcheté, être démontés et incorporés, par punition, parmi les frondeurs. Les habitants des îles Baléares étaient réputés pour être de très habiles frondeurs, et lançaient, dit Diodore de Sicile, des pierres du poids d'un kilo. Il ajoute qu'elles brisaient les boucliers, les casques et toutes les armes défensives. Végèce trouvait cette arme plus dangereuse que les flèches. Tite-Live prétendait que les Samniens surpassaient encore les frondeurs des îles Baléares. Josèphe, dans son histoire des Juifs, assure que les frondes de ce dernier peuple portaient à plus de trente toises. Quelle vigueur et quelle force, s'écrie-t-il, ne fallait-il pas pour accomplir de telles choses !

Comme beaucoup d'autres armes, la fronde disparut des armées lors de la découverte de la poudre. Cependant, au siège de Sancerre (département du Cher, France), en 1572, on se servit encore de la fronde avec succès, pour repousser les assiégeants pour la dernière fois ; les effets obtenus furent si merveilleux, qu'on donna aux engins de cette espèce le nom « d'arquebuse de Sancerre. »

Après la fronde, la plus ancienne arme de jet, est l'*arc* (du latin *arcus*), dont le principe fut emprunté, sans doute, à une branche, un jeune tronc d'arbre, un bâton courbé avec effort et qui reprend sa forme primitive par son élasticité naturelle. Malgré son ancienneté incontestable — puisqu'indépendamment du témoignage de la Bible, on en voit la description dans les récits de combats entre guerriers des temps mythologiques — aucun document ou monument n'existe, qui puisse attester que l'arc a été mis en usage en France, pendant les Ve, VIe, VIIe et VIIIe siècle de l'ère vulgaire.

L'arc était cependant en vogue sous le règne de Charlemagne, car dans un de ses capitulaires, il prescrivit que ses comtes devaient veiller à ce que les armes ne manquassent pas à leurs soldats; parmi ces armes figuraient un arc avec deux cordes et douze flèches. C'est toujours, comme dans le principe, une verge en bois — plus tard, une lame d'acier — renforcée vers le milieu de sa longueur, qu'on ploie avec effort et qu'on maintient ployée par la tension d'une corde fixée à ses deux extrémités et plus courte que la verge elle même. Sur le milieu de la corde tendue on appuie le talon de la *flèche* (de l'allemand *flitsch* ou *flitz*, trait qui se décoche avec une arbalète) qui est lancée au loin par cette même corde, lorsque, après avoir séparé celle-ci du milieu de la verge par la traction, on vient à la lâcher tout à coup. La flèche est ordinairement une verge ou bâton bien dressé, en bois, souvent armé d'un fer aigu, et toujours empenné, c'est-à-dire garni de plumes à sa partie postérieure pour augmenter la rectitude du jet. La longueur de la flèche a varié entre $0^{m}60$ et $2^{m}00$; celle de l'arc est ordinairement double ou un peu au-dessus, de celle de la flèche, qui fut l'ancienne arme de jet la plus répandue.

Le désir de causer le plus de tort possible à son ennemi fit découvrir les flèches barbelées et empoisonnées. Les anciens Francs se servaient de flèches ayant un fer aigu, mais affectant la forme carrée et nommé *gara* ou *carreau*.

Voici un mode d'empoisonnement de flèches, usité chez certains peuples sauvages : on attache fortement à un arbre une proie quelconque, soit un jeune veau ou un mouton, destiné à servir d'amorce pour attirer quelque gros crotale venimeux qui vient briser les os de la victime en s'enroulant autour; après quoi, il répand sur elle et en grande quantité, une bave visqueuse pour faciliter la déglutition de la proie, à laquelle opération il ne peut parvenir; alors il cherche à avaler quelqu'une des parties de l'animal, et, lorsque ce travail commence et que la digestion de cette partie s'effectue, les Indiens tuent le serpent sans danger et laissent le poison consumer les deux animaux en entier. Lorsque le tout n'est plus qu'une masse infecte, ils trempent dans cette horrible infection les pointes chauffées de leurs flèches, dont la blessure est souvent incurable.

Au reste, les indiens possèdent différentes sortes de poisons. Une peuplade de l'Australie et du sud de l'Afrique — les Bojestmans — en emploient un qui est sécrété par les glandes de la vipère souffleuse — ***puffades*** — mêlé au jus d'une euphorbiacée. Pour que la blessure faite par leurs armes ainsi empoisonnées ne guérisse pas, ils attachent légèrement à leurs flèches, une barbe faite d'un brin triangulaire de plume, également empoisonné, qui reste dans la blessure. Un autre poison animal est emprunté à la larve d'un insecte appelé ***kaa*** ou *n'gawa*, qui vit sur un arbre du sud de l'Afrique; les naturels de ce pays écrasent cette larve et trempent dans le jus les pointes de leurs flèches. Ces pointes ainsi empoisonnées sont indépendantes de la flèche et sont retournées en sens inverse jusqu'au moment de s'en servir. L'animal blessé par elles devient fou furieux. Il existe également parmi les Indiens différents poisons végétaux très énergiques; la blessure faite avec une arme empoisonnée du suc de mancenillier est incurable, ou à peu près. Il est vrai, dit-on, qu'il suffit de s'endormir sous son ombrage pour ne plus s'éveiller.

Les Indiens emploient, pour lancer leurs flèches ainsi empoisonnées, la ***sarbacane*** (de l'italien *cerbotana*, plus tard *cerbacana*), long tuyau en bois ou en verre, percé dans toute sa longueur et dont on se sert pour lancer quelque chose en soufflant. On leur a vu obtenir, avèc cet instrument, à des distances souvent considérables — cent mètres et plus — des effets qu'on ne retirerait pas toujours d'un fusil. Les Dayacks de Bornéo emploient des flèches dont la pointe porte des stries ou dents qui retiennent le poison extrait d'un arbre, appelé *upas*, et duquel le suc vénéneux est conservé dans un récipient de bambou. Quand une barbe de flèche, ainsi empoisonnée, reste dans la blessure, la mort peut être occasionnée en une heure de temps. D'autres poisons sont encore plus énergiques, et on a vu mourir en quelques minutes, des Indiens qui s'étaient blessés avec leurs propres armes. Le poison Wourali peut produire cet effet, et, conservé dans un endroit sec, ne pas perdre de son énergie, malgré le temps.

De tout ce qu'on vient de lire par rapport aux poisons, il n'en faut pas conclure que les sauvages emploient beaucoup d'armes empoisonnées à la guerre; ils ne s'en servent, au contraire, qu'à la chasse : selon une espèce de convention tacite qui leur en interdit mutuellement l'usage. Les Romains eurent à combattre quelquefois des peuples qui se servaient aussi de flèches empoisonnées. (Frontin, Ruses de guerre, livre I, chap. IV.) Strabon dit que les Gaulois empoisonnaient les leurs avec le suc d'if.

Revenons à l'arc. Il existait de très habiles *archers* (soldats se servant d'arc et de flèches) dans l'antiquité, car l'histoire nous apprend qu'au siège de Méthone, par Philippe de Macédoine, vers 360 ans avant J. C., un archer de la ville creva l'œil droit de ce prince, avec une flèche portant cette inscription : « à l'œil droit de Philippe. » Les Anglais du moyen-âge en eurent aussi de très-adroits, car au commencement du XIVe siècle, on faisait peu de cas d'un archer, réputé bon, qui ne tirait pas douze flèches par minute, et qui, sur ce nombre, manquait un homme placé à 219 mètres. Leur arc, en bois d'if, avait ordinairement cinq pieds de long. Comme les frondeurs, les archers combattaient à pied et n'occupaient qu'un rang secondaire dans les armées. Les archers à cheval des compagnies d'ordonnance, sous Louis XII, vers 1514, furent en France, les derniers qui se servirent de l'arc. Les Anglais l'employaient encore en 1627.

Après la bataille de Friedland, le 19 Juin 1807, les Français rencontrèrent des troupes de Kalmoucks qui leur lancèrent des flèches, « ce qui fit beaucoup rire nos soldats, » dit M. Thiers. Des troupes russes s'en servaient encore pendant la campagne de France, en 1814.

L'*arbalète* (du latin *arcus*, arc, et *balista*, baliste,) est — comme le nom l'indique, du reste — une arme formée d'un arc en acier monté sur un fût, nommé *arbrier*, dans lequel une rainure est creusée pour recevoir le projectile, trait ou balle, nommée *garrot*, *quarrel* ou *carreau* et *vireton*, (ce dernier est ainsi nommé par ce qu'il virait, ou tournait en l'air, par le moyen des *ailerons* ou *pennons* qui y étaient attachés). Le *matras*, beaucoup plus long et plus gros que les autres flèches, était terminé par une grosse boule en fer, finissant brusquement en pointe.

L'arbalète est une arme très ancienne : des recherches modernes ont établi qu'on en faisait usage en Europe dès le Xe siècle. A différentes reprises, elle fut défendue par les papes comme étant d'un usage trop dangereux entre Chrétiens, mais on en tolérait l'emploi contre les Infidèles. On s'en servait, dans l'attaque et la défense des places, préférablement à l'arc, car son tir avait plus de justesse et une plus grande portée, mais on reprenait l'arc pour les batailles rangées, à cause de la rapidité du tir, plus grande avec celle-ci, et de sa plus grande facilité de maniement. L'arc avait encore cet avantage : sa corde pouvait facilement être abritée en cas de pluie, tandis que, dans cette condition, la corde de l'arbalète se détendait et perdait de sa force.

On distingue les arbalètes de guerre et celles de chasse. Les premières sont : l'arbalète à *crennequin* ou *à pied de biche*, *à cric*, *à tour*, dite aussi *de passe* ou *de passot;* les arbalètes employées à la chasse se nommaient : *à jalet*, *à baguette*, *à tiroir* ou *canon de fusil.*

Les traits lancés par certaines arbalètes du XIVe siècle étaient munis de plusieurs séries de plumes inclinées sur l'axe de ces traits mêmes, pour obtenir un mouvement de rotation, déjà reconnu nécessaire à la rectitude du jet — application ingénieuse des rayures hélicoïdales creusées dans l'intérieur de nos canons.

Il y avait de petites et de grandes arbalètes ; à ces dernières étaient attachés des systèmes de cordes et de ressorts pour pouvoir les bander ; leurs principes étendus, agrandis et développés donnèrent, pensons-nous, naissance aux balistes et aux catapultes. Certains historiens prétendent que l'arbalète, de provenance phénicienne, et inventée environ 700 ans avant J. C., ne fut avantageusement connue en France, où elle fut importée par les croisés, que sous le règne de Louis-le-Gros, XIe siècle, tandis qu'en réalité, elle y était, au contraire, connue depuis longtemps, mais on n'en faisait pas grand usage à la guerre. On s'est beaucoup servi de cette arme jusque vers le règne de François Ier, XVIe siècle, — époque vers laquelle on peut en fixer l'abandon. La dernière fois, fut, dit Du Bellay, au siège de Turin, 1536, où le seul arbalétrier qui se trouvât dans la place « fit merveille. »

Nous savons que des corps entiers — armés d'arbalètes et se nommant *arbalétriers*, jouissaient de nombreux privilèges. Leur chef prenait le titre de *grand-maitre.* Lorsque l'usage des arbalètes fut tombé en désuétude, le grand-maître des arbalétriers devint le grand-maître de l'artillerie. François Ier rétablit, en 1523, la charge de grand-maitre des arbalétriers, qui s'éteignit sous son règne.

Le progrès incessant qui caractérise l'humanité fit apporter à l'arbalète des changements importants : le canal dans lequel on plaçait le projectile devint un tube avec une fente dans le sens de la longueur, pour faciliter et limiter le jeu de la corde, et fut même nommé *arquebuse.* L'époque de ce changement est, à peu de chose près, celle à laquelle eut lieu le dernier perfectionnement apporté dans la fabrication de la poudre à canon — car, il ne faut pas croire que cette dernière a été inventée tout d'un coup; — elle fut aussi l'époque de transition qui fit des armes de jet au moyen de la corde et dont nous venons de parler, le véritable modèle des armes à feu.

Les premières armes à feu portatives apparurent au commencement du XIVe siècle, et se composaient, tout d'abord, d'un fort tube en métal renfermant la charge et d'un petit affût en bois. L'homme portait cette arme sur l'épaule droite et en faisait partir le coup en y mettant le feu avec la main gauche. On la nommait *canon à main.*

La *couleuvrine à main* remplaça le canon à main. Elle était très longue, fort lourde, et nécessitait les efforts de deux hommes pour être maniée et chargée. Pour la rendre plus portative, on l'établit sur des trépieds à roulettes ou sur des affûts roulants que deux hommes traînaient comme une brouette. On la chargeait avec des pierres ou de grosses balles en fer. Elle fut ensuite munie, à sa partie antérieure, d'une branche en fer que le soldat fichait en terre en sortant des rangs et qui lui servait de soutien tellement elle était lourde. Cette dernière s'appelait *fronquine*. (Tournai, possédait, en **1457**, des *couleuvrines emmanchées*, c'est-à-dire encastrées dans le fût de l'ancienne arbalète.) De ce perfectionnement — la couleuvrine à fronquine — date la distinction entre les bouches à feu et les armes à feu portatives. La couleuvrine à main, dont nous venons de parler, servit de modèle pour la confection de l'*arquebuse à froc* ou *à fronquine*, dont on se servait derrière les murs d'une place assiégée, qui apparut plus tard, et qui fut introduite en France, sous le règne de Charles VIII, vers 1490. Le mot *arquebuse* dérive de l'italien *archebuso*, ou *arcobuso*, formé de *arco*, arc et de *busio* pour *bugeo* — trou, c'est-à-dire *arc percé*. L'Arioste, dans son poëme « Rolando furioso, » l'appelle *ferrobusio*. Les cavaliers étaient porteurs d'une arme semblable qu'ils faisaient partir en l'appuyant sur une fourche dont le pommeau de leur selle était muni. Charles VII, avait un corps de couleuvriniers à cheval.

La perte de la bataille de Pavie, 1525, détermina François Ier à ordonner, dans son royaume, l'emploi plus fréquent des armes à feu portatives. Elles venaient d'être perfectionnées par les Espagnols qui adaptèrent à la couleuvrine à main — fortement diminuée de poids et de dimensions — un mécanisme très-ingénieux destiné à mettre le feu à la poudre d'amorce. Cette dernière arme, nommée ***arquebuse à mèche*** ou à ***serpentin***, ne fut guère employée par les cavaliers à cause de la difficulté qu'ils éprouvaient pour ***compasser la mèche*** : opération qui consistait à en régler la longueur, de manière que le contact de cette mèche enflammée et de la poudre d'amorce s'opérât exactement à un moment donné. Le soldat, porteur de cette arme, et nommé ***arquebusier***, avivait le feu de la mèche en soufflant dessus; il la faisait arriver sur le réservoir au moment du tir, par l'action d'un mécanisme composé de ressorts et de léviers. Actuellement on nomme encore ***arquebusier***, le fabricant d'armes portatives de main.

Les arquebusiers transportaient leurs munitions dans un appareil compliqué, nommé ***fourniment***, et composé d'un sac pour les balles, d'une flasque pour la poudre et d'un amorçoir renfermant le pulvérin d'amorce. Les plus estimés de ces fourniments étaient confectionnés à Milan.

L'***arquebuse à vent*** était une arme dont la force d'expansion se produisait au moyen d'air comprimé, lequel se dilatant rapidement — au moment du tir — chassait au loin le projectile. Le principal inconvénient de cette arme — qui fut longtemps en usage à cause de la faiblesse de bruit de sa détonnation, — provenait de la difficulté de comprimer facilement une quantité suffisante d'air pour donner aux derniers projectiles lancés une force initiale assez grande. Elle fut inventée par un habitant de Lisieux, en Normandie, nommé Marin Bourgeois, qui la présenta à Henri IV, et considérablement perfectionnée par Jean Lossinger, de Nurenberg, mort en 1573. Mais le principe de cette arme est loin d'être nouvellement connu : Ctésibius d'Alexandrie, qui vivait 120 ans avant J. C., avait inventé un *aérotone* destiné à remplacer les catapultes par la force élastique de l'air.

A ce sujet, nous croyons devoir ouvrir une parenthèse : un savant français, M. Dulaurier, a proposé en Août 1870, un engin de balistique qui peut, nous semble-t-il, devenir pratique. Ayant constaté que la plus grande vitesse initiale des bouches à feu, au moment du tir, est de 550 mètres par seconde, il trouve, avec raison, qu'une grande partie de la force expansible des gaz de la poudre de guerre est perdue en comprimant momentanément le métal des canons et celui des projectiles ; d'un autre côté, après avoir fait remarquer que la vitesse d'écoulement de la vapeur d'eau dans l'air, à la pression de six atmosphères, est de 688 mètres par seconde, il part de là pour démontrer qu'il n'est pas nécessaire d'avoir une pression de trois à quatre mille atmosphères — chaleur estimative de la poudre de guerre au moment du tir — pour obtenir, comparativement, une aussi faible vitesse maximum de projectile.

« De même, dit-il, que dans l'eudiomètre (instrument servant à analyser tout mélange gazeux) on peut faire détonner les gaz, de même on peut introduire de l'air et de l'hydrogène carboné impur — gaz ordinaire d'éclairage — dans une capacité formée de telle sorte qu'on puisse y introduire un projectile quelconque. Le grand volume de ce mélange, comparé à celui de la poudre à canon, fait que la pression est bien moins grande lorsque l'explosion se produit, quoique celle-ci se fasse immédiatement, ce qui n'a pas lieu avec la poudre; le bruit d'explosion sera moins fort; l'appareil n'aura pas besoin d'avoir, à beaucoup près, une résistance aussi grande que les canons ordinaires, et, enfin, la construction de cet engin coûterait beaucoup moins.

Voici son projet de construction : « En fer et de la forme d'une cornue; le ventre de cette cornue servirait de réservoir au gaz d'éclairage et à l'air — dans une proportion de sept volumes de gaz pour cent volumes d'air; — le boulet, fermant hermétiquement l'ouverture et fortement évidé à sa base, devrait affecter la forme d'un cône; enfin, un obturateur serait placé à la partie supérieure de la culasse pour pouvoir introduire le boulet. »

Autre chose: nous lisons dans un ouvrage intitulé « Les Inventions nouvelles aux Expositions universelles, par M. J. B. Jobard, 1857, » ce qui suit : « Il y a la plus grande analogie entre la poudre et le grisou ; seulement celui-ci est beaucoup mieux composé que la poudre, et, par conséquent, plus puissant et surtout moins coûteux. Il peut se fabriquer immédiatement sur place et charger un canon plus vite qu'on ne le fait maintenant. On pourrait se passer de magasin à poudre, puisqu'il suffirait de seringuer une mesure de ce gaz dans la culasse d'un canon et d'y mettre le feu au moyen de l'étincelle électrique ; l'air qui s'y trouve toujours d'avance, dans une proportion connue, se mêlerait à un douzième de gaz par l'effet du seringuement. Bien entendu, le boulet serait placé d'avance, et servirait d'obturateur, en reposant sur une rondelle de matière élastique, dans laquelle il serait ensabotté. Un petit gazogène portatif, à la Dobereimer, fournirait le gaz à la seringue, au fur et à mesure des besoins. »

Nous continuons. On donna, à la cavalerie, vers 1537, une arme, l'*arquebuse à rouet*, dotée d'un mécanisme allemand, inventé à Nurenberg, en 1517, — perfectionné en 1573 et en 1632, — qui permettait d'enflammer la poudre d'amorce sans feu extérieur. Celui-ci s'obtenait au moyen d'une matière métallique (alliage de fer et d'antimoine ou piryte sulfureuse) et remplacée, vers 1598, par un morceau de silex pyromaque ou pierre à fusil, qui produisait des étincelles en frottant contre une roue d'acier cannelée sur son pourtour, laquelle roue était animée d'un vif mouvement de rotation par l'action simultanée d'un ressort intérieur ressemblant assez à celui d'un tambour de pendule et d'une détente.

Malgré le progrès réel de cette dernière arme qui dispensait le soldat d'avoir toujours du feu sur lui, l'arquebuse à mèche fut conservée pendant longtemps, à cause de la facilité avec laquelle le mécanisme de l'arquebuse à rouet se détraquait, inconvénient qui n'existait pas dans l'autre arme.

Toutes les arquebuses étaient droites ou à peu de chose près; c'est en quoi elle diffèrent du *mousquet* (de *muschetta*) — inventé en Espagne et mis en usage, pour la première fois, en 1521. Ce dernier est plus fortement courbé, plus léger, plus court et ne servit — dans le principe — que sur les remparts d'une place assiégée, ce qui nous porte à croire qu'il n'était guère léger, car on se servait encore, pour le pointer, de fronquine ou de *fourquerie*. Il y eut aussi des mousquets à mèche et des mousquets à rouet. Cette arme, importée en France par le capitaine général de l'infanterie espagnole Strozzi, fut remarquée vers 1527. Le premier corps de *mousquetaires* fut créé en 1572. Ils ne portaient plus le fourniment milanais dont nous avons parlé : mais la *bandolière* ou *bandoulière*, à laquelle étaient attachées, par des cordons, les charges de poudre, faites d'avance, et renfermées dans des étuis en bois, en cuir ou en fer-blanc. Les deux extrémités de la bandoulière étaient réunies sur le côté droit, et portaient un sac pour les balles et une petite flasque pour le pulvérin d'amorce.

En 1567, le duc d'Albe, donna pour la première fois, des *cartouches* en papier, aux mousquetaires à cheval, en Espagne; de là, ce mode fut introduit dans le royaume de Naples, où il était employé en 1597. En 1620, Gustave Adolphe, roi de Suède, le perfectionna en inventant la *giberne* qu'il donna à son infanterie ; dès 1685, l'usage des cartouches devint général pour toutes les troupes de l'infanterie qui, auparavant, ne pouvaient tirer qu'un coup par minute.

Perfectionné de nouveau en 1624, le mousquet devint l'arme principale de l'infanterie ; le *mousqueton* qui tient du mousquet et de la *carabine* (voir ci-après) — devint celle de la cavalerie et remplaça l'*escopette* (du latin *scopus* ou *scopa*, but du tir, cible) espèce de fusil de 1m16 qui se portait à la selle et fut en usage en France, depuis le règne de Charles VIII, jusqu'à celui de Louis XIII. L'escopette avait elle-même remplacé l'*espingole* : autre gros fusil, dont le canon très court mais d'un fort calibre et évasé depuis le milieu jusqu'à la bouche, se chargeait avec dix ou douze balles de mousquet et était fait en cuivre (1). On se servait de l'escopette pour des tirs à courte distance.

La *carabine* ainsi appelée parce qu'elle était l'arme des *carabins* (cavaliers armés légèrement qui firent le service d'éclaireurs et de flanqueurs depuis Henri III jusqu'à Louis XIV, qui les supprima), devint l'arme préférée des chasseurs à pied. En 1793, on donna une carabine rayée aux officiers et aux sous-officiers d'infanterie légère. Elle fut pendant quelques temps abandonnée — vers la fin du premier empire français — à cause de la lenteur de son chargement, lequel nécessitait l'emploi d'un maillet que portait le soldat et avec lequel on frappait sur la baguette pour forcer la balle à entrer dans le canon, d'un diamètre moindre que celui de la balle. Cependant, lorsqu'elle fut perfectionnée, la carabine, par sa plus longue portée que celle des autres armes à feu portatives, rendit des services signalés.

Le *pistolet* fit son apparition vers le milieu du XVIe siècle et, cela encore, à cause de la cavale-

(1) Cette même arme fut mise en usage — sous le nom de *tromblon* — dans plusieurs corps de cavalerie, mais on dût l'abandonner à cause de sa faible portée et de son peu de justesse. On l'a, cependant, conservé pendant assez longtemps, dans la marine, pour les abordages, peut-être à cause de l'éparpillement des projectiles qui en constituaient la charge.

rie, pour laquelle le mousquet continuait à être trop lourd. Les Allemands furent les inventeurs du pistolet qui tient de l'arquebuse et du ***pétrinal*** (de l'espagnol ***pédernal***, pierre à feu). Cette dernière arme, tenant le milieu entre l'arquebuse et le pistolet, servit exclusivement à la cavalerie. Inventé en 1549, le pétrinal est « une arquebuse plus courte que le mousquet, et d'un calibre plus gros, qui, pour sa pesanteur, est porté à un large baudrier pendant en écharpe de l'épaule et couché sur la poitrine de celui qui le porte, quand il le veut tirer. » (Dictionnaire de Nicot).

Les cavaliers allemands armés les premiers du pistolet, prirent le nom de ***reitres*** (de l'allemand *reitter*, cavaliers) et employèrent, au combat de Renty, en 1554, une nouvelle manière de manœuvrer. En effet, au lieu de charger en haie avec un intervalle de quelques pas entre chaque homme et se servant de l'arme blanche pour utiliser le choc, les reitres se massaient en colonnes profondes, chaque rang s'ébranlant l'un après l'autre; arrivé à bonne portée du pistolet, le premier rang tirait, puis, par une double conversion rapide à droite et à gauche, démasquait le second rang et allait se reformer à la queue de la colonne; le second rang en faisait autant et ainsi de suite. Cette manœuvre se nommait *limaçon* ou *caracole*.

Le diamètre du canon de cette arme était exactement celui d'une pistole — ce qui lui fit donner le nom qu'elle porte. Les premiers furent fabriqués à Pistoïa — Italie. Ils étaient remarquables en ce que l'angle formé par la crosse arrondie et le canon, assez court, était très-prononcé.

Sous Henri II, qui adopta l'usage du pistolet à la bataille d'Ivry, 1590, cette disposition de l'angle fut changée et on diminua encore les dimensions de l'arme. Tous les grands perfectionnements apportés au pistolet ne tendirent qu'à en changer le poids et les dimensions jusqu'au moment où le principe des *armes à répétition* lui fut appliqué. On appelle ainsi, des armes dans l'intérieur desquelles, sont emmagasinées à la fois, plusieurs charges, qu'on introduit successivement dans le canon au moyen d'un mécanisme simple et produisant un effet rapide. L'arquebuse ou fusil à vent, dont nous avons parlé, peut être rangé parmi ces armes. (1)

(1) Les principaux modèles des armes à répétition sont, jusqu'ici, les fusils du système Spencer et du système Winchester, inventés en Amérique, quelque temps après la mise en pratique des cartouches à enveloppe métallique, découvertes vers 1835. Le fusil Spencer n'a pas été mis entre les mains de la troupe par ce que ses avantages incontestables ne contrebalancent pas les graves inconvénients qu'il offre. La crosse contient, en sens longitudinal et dans un canal cylindrique, un tube en métal, dans lequel on place neuf cartouches; derrière celles-ci se trouve un presseur qui agit par le moyen d'un ressort à boudin; ce tube ou magasin est fermé, en avant, par la culasse mobile. Une mécanisme ingé-

Ce principe des armes à répétition adopté au pistolet fit trouver le *revolver* (de l'anglais *revolve*, tourner) vers 1815, par un armurier parisien, nommé Lenormand, dit M. Louis Figuier; tandis que d'autres auteurs préconisent le colonel américain Colt, comme l'inventeur du revolver. Cette arme — qui se compose actuellement d'un *barillet* ou *tambour* renfermant plusieurs charges, et qui, en tournant sur lui-même, présente à un moment donné, chaque charge au tonnerre de l'unique canon — était d'abord un assemblage de plusieurs canons qui tournaient sur un axe commun, au moyen d'un système d'engrenage à pans obliques, sur lesquels un bec de lévier agit sous la pression du doigt.

Quoique le revolver ne date que de notre siècle, il ne faut pas en déduire que les armes tournantes, et celles se chargeant par la culasse, soient d'invention nouvelle : le musée d'artillerie de Paris possédait des armes tournantes à mèche et à rouet, ainsi qu'une arme se chargeant par la culasse, datant du temps de Henri II, première moitié du XVIe siècle; M. Anquetil, dans un ouvrage sur les armes, parle de deux fusils à cinq coups, datant de 1600 et de 1632. La tour de Londres possède

nieux fait arriver la cartouche dans le tonnerre, en expulse le tube après le tir; et, au fur et à mesure des besoins, les neuf cartouches arrivent à leur place. Après neuf coups, il faut, naturellement, recharger le magasin.

également une arquebuse à mèche du XVe siècle, à culasse tournante et à quatre tonnerres.

L'*amusette* était une arme de l'invention du Maréchal de Saxe (né en 1696, mort en 1750). Elle fut en usage sous Louis XIV et Louis XV et perfectionnée vers 1790, par le général Belair; elle remplaçait, à la fin de XVIIIe siècle, le fusil de rempart. C'était un gros fusil, se chargeant sans cartouche, en plaçant la poudre et le projectile dans la culasse de l'arme qui s'ouvrait là. Elle lançait des balles en plomb d'un quart de kilo. (C'était, on le voit, une application du principe de chargement par la culasse.) On la posait, au moment du tir, sur une sorte d'affût que deux hommes manœuvraient.

Les Espagnols, auxquels on doit tant d'améliorations apportés dans la fabrication des armes, perfectionnèrent de nouveau les armes à feu portatives, et, dans la seconde moitié du XVIIe siècle, les platines à silex, inventées en Italie, vers 1646, firent leur apparition sur les armes dont se servaient les *miquelets* — soldats tirailleurs espagnols. Cette platine, nommée aussi *batterie* ou *platine à la miquelet*, qui n'a presque pas été changée quant au mécanisme, faisait obtenir le feu nécessaire à la combustion de la poudre d'amorce, au moyen du choc violent d'une pierre à feu ou silex, contre une pièce d'acier, nommée *couvre-bassinet*, lequel devait aussi protéger la poudre d'amorce contre l'humidité : le mot *pierre* en italien ***fucile***, donna aux armes à feu portatives, le nom de ***fusil***, qu'elles portent encore. (Nous voyons que la platine dont nous venons de parler ne fut d'abord appliquée qu'aux pistolets ; en 1649, le Parlement de Paris rendit un arrêt pour fixer le prix des pistolets à fusil.) Dans les armées régulières, chaque ***fusilier***, soldat armé de fusil, était pourvu d'une ou de deux pierres à feu de rechange, comme ils sont encore en France, munis de deux aiguilles et d'un ressort à boudin pour le chassepot, et en Belgique de deux broches percutrices par escouade. Nous avons tous vu des batteries semblables et bon nombre de vieux fusils disséminés, en sont encore pourvus.

Les fusils à platine à silex furent difficilement adoptés dans l'armée française où on les voit apparaître en 1670 : quatre hommes par compagnie seulement, en furent munis ; en 1687, on n'en comptait encore que six par compagnie. Les généraux de Louis XIV voulaient à tout prix conserver le mousquet à rouet, et cela, à cause d'une idée qui prédominait alors et suivant laquelle les armes légères ne produisaient pas autant d'effet que les lourds mousquets. Les soldats, eux, ne demandaient pas mieux que de se servir du fusil, plus léger, et qui, tout en leur permettant de tirer à l'épaule et plus rapidement qu'avec le mousquet, les dispensaient de porter la fourchette ou fronquine. Cinq ans après, vers 1692, les fusils avaient pris un peu plus de place dans les rangs de l'armée et on les comptait alors en nombre égal à celui des mousquets. Le nombre des *piquiers* — soldats armés de la pique — qui, jusqu'alors, avaient été la force principale de l'infanterie, fut considérablement diminué. En 1700, les fusils à silex devinrent exclusivement l'arme des fantassins en campagne. Ce qui contribua surtout à ce progrès, fut l'invention de la baïonnette, qu'on adopta dans toute l'armée française, à la proposition de Vauban en 1701 — d'autres disent en 1703 — d'après le perfectionnement y apporté par le général anglais Mackay et que nous avons rapporté plus haut.

Les fusils réglementaires de munition datent de 1717 et les modèles ne furent définitivemet arrêtés en France qu'en 1777. Ces modèles offrent un système de quatre types d'armes : fusil d'infanterie, fusil de dragon, fusil d'artillerie, pistolet de cavalerie, auquel on peut ajouter le mousqueton (modèle 1786) créé d'après les mêmes principes. Depuis lors, jusqu'en 1822, tous les perfectionnements apportés aux armes à feu portatives, ne tendirent qu'à améliorer le mécanisme de la platine, resté sensiblement le même, lequel était facilement détraqué et nécessitait fréquement les services de l'armurier. Mais en 1822, le fusil à percussion remplaça le fusil à silex qui ne disparut entièrement des rangs de l'armée française qu'en 1842. Ce dernier fut appelé : modèle 1840. La Belgique fit commencer, en 1838, la transformation dont il s'agit.

En 1788, Berthollet, chimiste français, avait découvert la ***poudre fulminante*** à base de ***chlorate de potasse***, et cette découverte fut la cause d'une révolution complète dans la confection des armes à feu, en permettant d'obtenir le feu nécessaire à la combustion de la poudre, au moyen d'un simple effet de percussion. (1) Le chlorate de potasse est un sel formé d'***acide chlorique*** — du ***chlore*** qui se trouve, en abondance, dans le sel ordinaire — combiné avec la ***potasse***. (2) Le chien de la platine reçut une tête fraisée au lieu des pinces pour le silex, et le réservoir à poudre d'amorce ou bassinet, avec ses accessoires, devient un petit tuyau d'acier, nommé ***cheminée***, communiquant directement avec le commencement du tonnerre et sur laquelle cheminée on plaça un petit récipient, appelé ***capsule***, contenant la poudre fulminante. (3) Le ***fulminate*** à

(1) L'idée de se servir des substances fulminantes pour mettre le feu aux armes de guerre n'est pas nouvelle, elle date de 1610 ; un écrivain militaire, Flurence Rivault, proposait d'employer l'or fulminant (oxyde d'or mêlé d'ammoniaque), et dès 1810, Lepage, armurier parisien, avait appliqué au fusil, l'amorce fulminante.

(2) Le fulminate de chlorate de potasse, ne fut réellement bien connu qu'en 1814, époque à laquelle Gay-Lussac, parvint à en isoler l'acide.

(3) Cette idée naquit en Angleterre, en 1818, et l'invention de la capsule, passa en France, en 1820, par l'armurier parisien Deboubert.

base de chlorate de potasse, dont nous venons de parler, n'est plus celui dont on se sert aujourd'hui; le chimiste anglais, Howard, découvrit, en 1800, le *fulminate de mercure* (oxyde de mercure, de l'ammoniaque et une matière végétale) qui offre une manipulation moins dangereuse et qu'on emploie maintenant pour fabriquer les amorces. (1)

Toutes les armes à feu dont nous venons de parler succinctement ou à peu près toutes, avaient leur canon à parois intérieures lisses, et il n'entre pas dans le cadre de notre travail d'exposer les inconvénients de cet état de choses. Seule, la carabine, était munie d'un canon rayé à l'intérieur et ce, pour éviter le trop prompt encrassement de l'arme; ses rayures étaient droites. En 1826, un officier français, M. Delvigne, alors sous-lieutenant au 2me régiment d'infanterie de la garde, frappé de l'irrégularité du tir, fit connaître une idée qui modifia complètement la fabrication des armes à feu portatives; le fusil rayé entrait dans le domaine de la pratique.

Les armes à canon rayé ne sont cependant pas, non plus, d'invention récente. Depuis la fin du XVe siècle, l'Allemagne se servait d'armes sembla-

(1) La plus terrible des poudres fuminantes, dit M. le baron Cuvier, dans son Histoire des Progrès des Sciences naturelles, t. 1, p. 49, est celle qu'a découverte Chenevix, et qui résulte de l'union du soufre, avec le muriate suroxygéné d'argent.

bles. Les raies en spirale sont attribuées à Auguste Kolter, de Nurenberg, qui les inventa en 1500 ou 1522; selon d'autres auteurs, ce fut en 1498, que Gaspard Kulner, de Vienne, en fit les premières applications à Leipsig. C'est seulement vers le milieu du siècle suivant, qu'un *sillon hélicoïdal* fut creusé dans les parois intérieures du canon de certaines armes.

Nous ne dirons pas non plus, toutes les recherches, les tentatives faites pour trouver le projectile le plus propice aux canons rayés, depuis la balle sphérique, jusqu'à la balle coni-cylindro-ogivale, avec laquelle on chargeait notre fusil de 1853, nous sortirions de la tâche que nous nous sommes créée.

La combinaison intelligemment exécutée du canon rayé et du chargement par la culasse fit découvrir ces fusils, redoutables engins de destruction que nous possédons aujourd'hui, et dont le fusil à aiguille Dreyse, inventé en 1827, et adopté pour l'armée prussienne en 1841, fit naître en France, le *chassepot*, du nom de son inventeur, et qui a été mis entre les mains de la troupe, pour la première fois, en septembre 1866. Depuis cette dernière invention, on a peut être découvert et inventé plus de systèmes différents d'armes à feu portatives, qu'il n'en existait depuis la découverte de la poudre.

Ici s'arrête la description chronologique rapide

des armes offensives portatives, telle que nous nous étions proposé de la traiter. Nous n'avons pu nous arrêter à la découverte de la poudre de guerre, aux différents modes de chargements, (1) au grand

(1) Nous verrons dans la seconde conférence que les plus anciennes bouches à feu se composaient de deux parties : la chambre à feu et la volée qu'on ajustait à la première pour donner une meilleure direction au projectile lancé. Le chargement de ces armes — tant que les canons eurent deux parties — était facile : on versait la poudre dans la chambre à feu après l'avoir retirée de la volée; on mettait par dessus la poudre une bourre ou un tampon en bois pour la maintenir, puis on plaçait la balle et on réunissait la boîte au canon. Lorsque les deux parties ne formèrent plus qu'une seule et même pièce, on plaça l'arme verticalement afin que la poudre coulât naturellement à l'emplacement qu'elle devait occuper. (Nous nous rappelons tous que le réglement de tir du fusil modèle 1853 prescrivait encore au soldat tirailleur couché de redresser l'arme et de donner, avec le talon de la crosse, un coup par terre, après avoir versé la poudre dans le canon, pour empêcher celle-ci de s'attacher aux parois intérieures). Pour enfoncer la balle on employa d'abord une verge en fer; mais pour alléger les armes, cette verge fut remplacée par une baguette en bois, les caporaux seuls la conservèrent pour enfoncer les balles qui s'arrêtaient dans les canons. On renforça ensuite la tête de la baguette par une douille en métal, mais ce ne fut que beaucoup plus tard qu'elle redevint d'un usage général; les troupes prussiennes s'en servirent les premières; les français qui l'avaient adoptée en 1746, lui substituèrent la baguette en acier en 1763. (Traité d'Artillerie Théorique et Pratique, par G. Piobert, p. 32).

nombre d'espèces différentes de projectiles; (2) tout cela, nous aurait fait dévier trop de notre sujet. Nous en parlerons un peu plus en voyant les armes offensives non portatives, qui sont du domaine de l'artillerie et que nous nous proposons de traiter dans une autre partie. Avant cela, nous croyons utile de rapporter, en quelques mots, l'analyse d'une conférence qui a été donnée, en 1868, aux officiers du 4me régiment de voltigeurs de la garde impériale française, ayant trait aux conditions à exiger d'une bonne arme offensive se chargeant par la culasse, et destinée à se trouver entre les mains de la troupe.

1° Le *poids* de l'arme doit être proportionné aux forces du soldat et cependant, être assez grand pour que le recul ne soit pas à redouter du tireur; l'expérience a prouvé que le poids d'une arme semblable ne doit pas dépasser cinq kilos; ce poids doit encore être réparti de manière que le *centre de gravité* de l'arme — dans la position de joue, ou dans les mouvements de l'escrime à la baïonnette — soit le plus possible rapproché du corps de

(2) Et que le général J. Belair, dans son ouvrage « Éléments de fortification » Paris 1793, p. 376, appelle *mobiles*. Il divise les mobiles en trois groupes : *mobiles simples*, comme les balles ou les boulets pleins; *mobiles groupés*, telles que les cartouches à canon, probablement aussi les boîtes à balles; enfin les *mobiles composés*, sont dit-il, les bombes, les obus, les grenades.

l'homme, et que, dans aucun cas, il ne soit pas au-delà du point de support le plus éloigné.

2° Son *maniement* doit être facile dans toutes les circonstances du service; le mécanisme de chargement simple et solide ; la manœuvre de celui-ci, rapide et commode ; il faut que le système d'obturation n'oblige point le tireur à redouter la projection en arrière d'éclats de la cartouche ou du système lui-même, et que les résidus de la cartouche soient facilement et promptement expulsés.

3° Sa *longueur* doit se prêter à l'emploi efficace de la baïonnette, et ne doit pas non plus, être un sujet de crainte pour les tireurs placés les uns devant les autres.

4° Sa *construction* doit être simple, solide, peu coûteuse, telle que l'entretien en soit facile et les réparations rares et commodes à exécuter.

5° Enfin son *chargement* doit être prompt, facile à exécuter dans les rangs, malgré l'agitation du combat.

co
to
Le
d'a
eng
fan
le r
il d
I
des
la c

(
de
le f
tire
pr
de
fra

2me CONFÉRENCE.

Armes offensives non portatives.

Par *artillerie* (1) on comprend actuellement — comme avant la découverte de la poudre, du reste — tous les engins, avec accessoires, de la balistique. Le vieux mot français *artillier* signifiait l'homme d'armes préposé à l'emploi et à la garde de ces engins, comme le mot *fusilier* indique encore le fantassin armé d'un fusil, cependant, aujourd'hui le mot « artillerie » a une signification plus étendue : il désigne un personnel, un matériel et une science.

L'artillerie des anciens comprenait des engins de destruction dont on ne se sert plus aujourd'hui; dans la conférence précédente nous avons cité en premier

(1) D'après quelques savants, le mot *artillerie*, provient de la composition de deux mots latins *ars*, *tolendi;* d'autres le font dériver de l'expression italienne *arte di tirare*, art de tirer. Enfin, quelques-uns prétendent que l'un des inventeurs présumés de la poudre, Tilleri, lui a donné son nom : *art de Tilleri*, d'où artillerie; ou bien encore de l'ancien mot français *artiller*, rendre fort par art.

lieu, les ***chars armés***, dont l'usage est antérieur à l'emploi de la cavalerie — à laquelle, cependant, trois à quatre cents ans avant notre ère, on reconnaissait de grands avantages. Ces chars étaient formés, le plus souvent, d'une forte caisse en bois de chêne, suspendue sur un seul essieu, et ordinairement attelés par des taureaux à peu près indomptés, que l'on retenait à grand peine, et qu'à un moment donné, on lançait en avant pour augmenter le désordre dans les rangs ennemis, tout en appuyant le choc de l'infanterie. De fortes chevilles plantées sur les bords de la caisse assujettissaient des manches de faux effilées, disposées de manière que l'action tranchante des unes se fasse dans un sens — vers le timon du char, par exemple — et l'action tranchante des autres dans un sens opposé, comme le représentent deux lames de ciseaux ; et cela, afin que le char soit de meilleure attaque et de meilleure défense. On manœuvrait ces faux à peu près comme les rames d'une barque. Les Gaulois appelaient ces chars ***rhedoe*** (du celte, ***rhed.***) Le timon portait à son extrémité une ou plusieurs piques de longueur différente, ou bien des torches incendiaires.

C'étaient des femmes qui, à cette époque, montées sur les chars, se chargeaient de leur défense et faisaient mouvoir les faux. On fit un bien vaillant usage de ces engins dans les combats que nos aïeux soutinrent contre les Romains — envahisseurs et conquérants de notre pays. Ces femmes étaient considérées comme la portion la plus chère de toute l'armée; elles étaient placées — sur leurs chars — en arrière des combattants et tenaient en laisse, d'énormes *dogues de bataille* dressés au combat, dont la taille ainsi que la férocité étaient certainement redoutables et qu'on lâchaient contre l'ennemi quand il était près de s'emparer des chariots. Les chiens ont souvent été employés à la guerre d'une manière judicieuse : une première ligne de chiens formait la garnison permanente du Capitole; les anciens Grecs et Lydiens s'en servaient avec succès; Pline, lui-même, en parle comme d'utiles et puissants alliés, dont le secours était d'autant plus précieux en tactique, qu'une fois engagés ils ne lâchaient pas prise, ne fuyaient jamais, et n'étaient point exigeants sur l'article des honneurs, de l'avancement et de la solde. Le dernier essai d'utiliser les chiens à la guerre et qui ne réussit point, eut lieu en 1788, lors de l'expédition des Français à Saint Domingue.

Voici, d'après un manuscrit de XIVe siècle, les prescriptions à observer relativement à l'emploi des chiens à la guerre. « Pour mettre en fuite les chevaux et les cavaliers, on élève des chiens vulgairement appelés chiens alains (dogues) et on les dresse à mordre l'ennemi avec fureur. Il convient, que les chiens soient bardés de cuir pour deux raisons : d'abord, afin que le feu qu'ils portent dans un vase d'airain ne les blesse pas, et ensuite afin qu'ils soient moins exposés aux coups des hommes d'arme, quand le cheval fuit sous l'aiguillon de la douleur. Ce vase d'airain, enduit d'une substance résineuse et garni d'une éponge imbibée d'esprit-de-vin, produit un feu très-ardent. Les chevaux, harcelés par les morsures des chiens et par les brulures de ce feu, fuient en désordre. » (Magasin Pittoresque, année 1855, p. 224). Ces chiens portaient encore un long dard dépassant leur tête, et attaché à l'espèce de cuirasse dont ils étaient recouverts.

Revenons aux chars. Voici ce qu'on lit dans Plutarque, in vitâ Marcellis, à ce propos : « .... Les « femmes gauloises, s'élançaient, du haut des cha- « riots de guerre, contre les Romains. Armées « d'épées et de haches, grinçant les dents de rage et « de douleur elles jetaient des cris horribles ; elles « frappaient également sur ceux qui fuyaient et « sur les ennemis poursuivant : sur les premiers « comme traîtres, lâches; sur les autres comme en- « nemis ; se jetant dans la mêlée elles saisissaient « de leurs mains nues les épées des Romains, « leur arrachaient leurs boucliers, recevaient des « blessures, se voyaient mettre en pièces sans se « rebuter, et témoignaient jusqu'à la mort un cou- « rage vraiment invincible. Elles étouffaient, de « leurs mains, leurs propres enfants, plutôt que « de les voir pris par les Romains, les jetaient sous

« les pieds des chevaux et sous les chariots et, « s'il le fallait, se tuaient ensuite elles-mêmes. » L'usage de ces chariots de guerre s'est continué jusqu'au XIIIe siècle; alors on s'en servit comme *char incendiaire.*

Du temps d'Alexandre-le-Grand, les chariots de guerre étaient en grand honneur dans l'Inde. A cette époque, et même pendant tout le moyen-âge, on a beaucoup employé les *éléphants* à la guerre. On s'est encore servi des ces animaux, pour combattre, jusqu'en 1779.

Avant de traiter des machines destinées à lancer au loin des projectiles quelconques, nous croyons devoir dire un mot à propos des substances combustibles lancées au loin à l'état enflammé, armes réellement offensives et qui permettaient d'obtenir des résultats, plus sérieux, dirons-nous, tout en ménageant davantage la vie d'une partie des combattants qui se tenaient plus éloignés qu'avant cette découverte. Nous voulons parler du *feu grec* ou *grégeois*, qui ne prit ce nom que vers le VIIe siècle, et des *miroirs ardents*, que nous avons passés sous silence, dans notre première conférence.

Nous avons dit déjà, que de tout temps, l'emploi du feu a joué un grand rôle à la guerre; donc, rien d'étonnant à ce qu'on ait cherché et trouvé une composition qui put donner un feu plus vif et moins extinguible. Le résultat de ces recherches fut le feu grégeois, inventé dit-on, par Callinique, architecte d'Héliopolis, en 673, et à propos duquel, bien des fables ont été écrites, racontées et crues, ce qui plus est; ainsi, les admirateurs du feu grégeois prétendaient qu'il pouvait brûler sur l'eau; qu'il ne pouvait être éteint qu'au moyen de sable ou de vinaigre; et, enfin, que le secret de sa composition était perdu. Cependant, nous trouvons, rapporté d'anciens écrivains, qu'un mélange de poix, de soufre, d'étoupe, de manne — sève sêchée de certains arbres — d'encens et de râtissures de bois gommeux, auquel mélange, on adjoignait divers métaux réduits en poudre pour augmenter la force ignée, était recommandé comme devant fournir un feu presqu'inextinguible et qu'il doit avoir été — à peu de choses près — la composition du feu grégeois. (1)

On employait le feu grégeois de différentes manières : des fantassins, des cavaliers et des chars armés le portaient devant eux, au moyen de lances à ce destinées; des machines roulantes, l'attachaient

(1) D'autres auteurs prétendent que le syrien Callinique n'est point l'inventeur du feu grégeois, mais qu'il en apprit la composition aux Grecs et que le secret de cette composition lui avaient été communiqué à lui-même par quelque artificier indien, car l'Inde fut un des pays qui le connaissaient depuis le plus longtemps. Quoiqu'il en soit, les Grecs en firent seuls usage jusqu'aux premières années du XIIIe siècle, époque à laquelle cette composition fut connue, on ne sait comment, par les peuples musulmans, qui la perfectionnèrent de plusieurs

aux portes des forteresses et les consumaient; des machines à fronde le lançaient dans les places assiégées au moyen de pots ou de tonneaux; des navires le portaient aussi en avant et servaient de brûlots; enfin, on s'en servait surtout comme de fusées.

Le feu grégeois ne fut, pendant longtemps, entre les mains de ceux qui s'en servaient, qu'un moyen plus ou moins judicieux, de provoquer l'incendie et de multiplier les formes sous lesquelles on employait le feu à la guerre; mais le tort véritablement à redouter, causé à l'ennemi par le jet d'un récipient quelconque contenant le feu grégeois, était très médiocre.

Lorsque le salpètre fut mieux connu, on le mélangea à la composition du feu grégeois qui augmenta de puissance combustible, en même temps qu'il acquit une nouvelle propriété, celle de l'explosion. Cette découverte ayant été appliquée à l'art de lancer des projectiles au loin, on arriva, vers le XIVe siècle, à la fabrication de la poudre à canon, qui révolutionna toute la balistique.

manières et c'est par suite des applications que ces derniers en firent pendant la septième croisade (1218), que les Chrétiens occidentaux en eurent connaissance. Les croisés eurent d'abord grand'peur de cet agent de destruction, qui était tout nouveau pour eux, mais ils ne tardèrent pas à en apprécier les effets véritables; ils parvinrent même à en découvrir la préparation et la rapportèrent dans leur pays.

Un autre engin de destruction, très habilement conçu, est le *miroir ardent*, dont l'invention est attribuée à Archimède, le plus célèbre géomètre et mécanicien de l'antiquité, qui vivait environ 287 ans, avant J. C., et qui périt, à l'âge de 75 ans, sous les coups d'un soldat romain.

Nous savons que les premiers miroirs, dont l'usage remonte à la plus haute antiquité, étaient faits en métal poli, car on ne trouve aucun vestige de verre étamé, avant l'an 620 de notre ère. Voici le principe de physique sur lequel repose la théorie des miroirs ardents : « Lorsque les rayons du soleil arrivant à nous dans des directions peu différentes du parallélisme, tombent sur la surface d'un miroir ou lentille concave, de manière que le rayon qui part du centre de l'astre se confonde avec l'axe du miroir, la réflexion les fait coïncider, à peu près, au foyer des rayons parallèles, où leur action est concentrée. » Le même fait se produit avec un corps enflammé, mais la divergence des rayons est trop grande et leur condensation ne peut s'effectuer efficacement. C'est avec un assemblage de miroirs semblablement construits qu'Archimède brûla la flotte des Romains, lors du siège de Syracuse, — ancienne ville célèbre de la Sicile, dont elle était la capitale — environ 250 ans avant J. C. Buffon, aussi célèbre naturaliste qu'élégant écrivain français, construisit, en 1767, au jardin des plantes à Paris, un miroir ardent qui mit de l'argent en fusion, à vingt pîeds de distance. On ne se sert plus de ces engins à la guerre maintenant, car la difficulté de construire un miroir ayant des proportions assez vastes pour remporter des effets réels à des distances considérables, serait trop difficile à vaincre.

Les premières armes destinées à battre les murailles en brêche, furent les *béliers*, ainsi nommés, par ce que cet engin, en action, imitait les mouvements de l'animal du même nom lorsqu'il se bat, et aussi, parce que la tête en fer fondu, du bélier, offrait la forme de celle du mouton mâle.

De toutes les machines de guerre de l'antiquité, celle dont nous nous occupons actuellement était la plus simple et la plus puissante. L'effet obtenu par certains béliers, qui atteignirent des dimensîons formidables, n'était peut-être pas — eu égard à la distance où cet effet se produisait — moins terrible que celui de nos boulets de canon. Cet engin consistait en une longue et lourde poutre, assez semblable au mât d'un grand navire, dont une des extrémités était garnie de fer. Il était d'abord mis en mouvement par les bras des hommes qui le faisaient mouvoir; ensuite, il fut suspendu à une série de cables de telle sorte que, en station, il pouvait facilement subir une impulsion en avant et en arrière. Ces cables descendaient d'un assemblage de madriers formant chevalet, protégé par une espèce de galerie en charpente, laquelle était recouverte de terre et de peaux mouillées pour garantir le tout des projectiles incendiaires de l'ennemi ; on donnait à cette galerie le nom de *tortue* (voir ci-après). Là-dessous, une centaine d'hommes — quelque fois bien plus — mettaient le bélier en mouvement et attaquaient les murailles, où une brèche ne tardait pas à être pratiquée. On se servait ordinairement de deux espèces de béliers : l'un fixe, et l'autre qu'on rendait mobile au moyen de roues.

Ces machines furent employées, pour la première fois, au siège de Byzance (Constantinople). Elles devinrent très lourdes : des auteurs anciens donnent la description de plusieurs béliers qui avaient, disent-ils, une longueur d'environ 40 mètres, un diamètre de près d'un mètre, et dont la tête en fer offrant une forme arrondie pesait une tonne et demie (1,500 kilos). Leur force d'impulsion, dans les meilleures conditions, pouvait fournir une course de $1^{m}80$ à $2^{m}00$ par seconde. L'efficacité de ces coups dépendait de la proportion bien gardée dans les intervalles des oscillations : d'abord fort lentes et augmentant progressivement au fur et à mesure qu'on avançait en besogne. Rien ne pouvait résister à ces formidables machines. Seulement, pour défendre les murs de la place assiégée contre la violence et le choc du bélier, amortir ses coups et en paralyser les effets, on interposait entre la tête du bélier et l'endroit où il frappait, des sacs remplis de laine, de paille ou de plumes; les assiégés cherchaient aussi quelquefois à s'emparer du bélier ennemi, au moyen du *lupus*, loup, et du *corbeau à bascule*.

Pour commencer l'œuvre destructive du bélier on se servait d'un instrument nommé *terebra*, en français *tarrière*, ressemblant à l'outil du même nom Cette machine était composée d'une grande poutre pointue qu'on poussait en avant, non pas suspendue comme le bélier, mais en la faisant couler dans un canal garni de rouleaux et qu'on ramenait au moyen d'un moulinet.

Avant d'établir contre les murailles d'une place assiégée, les machines destinées à lancer des traits et autres engins de destruction — et dont nous parlerons plus tard — les assiégeants construisaient — sur ce que nous appelons aujourd'hui la contre escarpe, — une grande plate forme, nommée *agger*, élevée au moyen de terres, de pierres et de troncs d'arbres, quelquefois jusqu'à hauteur des murailles, L'assiégeant se trouvait de cette façon, presqu'au niveau de l'assiégé, et les traits qu'il lançait portaient, par conséquent, directement. On construisait ordinairement l'agger à une certaine distance des murs, mais insensiblement, on cherchait à l'agrandir dans la direction de ceux-ci ; la distance qui séparait assiégeants et assiégés se raccourcissait sans cesse, jusqu'à ce qu'enfin, l'agger, touchant pour ainsi dire aux murailles, rendit possible l'emploi de moyens d'attaques plus redoutables.

Les *tours mouvantes* employées dans les anciens sièges étaient énormes; elles se composaient de gros madriers, partout recouverts de crins de chevaux lissés. Leur base était généralement de 10 mètres carrés, leur hauteur de 12 à 18; quelquefois même, ces dimensions étaient dépassées, surtout quand il fallait dominer l'intérieur de la place assiégée. Les unes étaient construites sur l'agger; d'autres, étaient placées sur de nombreuses roues pleines, d'un faible diamètre, ce qui permettait de les mouvoir assez facilement, malgré leur poids. Généralement, on considérait la place comme perdue dès que les assiégeants étaient parvenus à placer contre les murailles, une tour semblable, au sommet de laquelle les soldats montaient au moyen d'échelles. Elles étaient préparées d'avance, transportées pièce par pièce, et construites sur le lieu même où elles devaient servir. L'une des plus célèbres de ces machines fut celle que Démétrius-Polyorcète fit construire, devant les murs de Rhodes, qu'il assiégea 304 ans avant J. C. On la nomma ***hélépole*** et servit longtemps de modèle.

Ces tours était divisées en trois parties ou étages : la partie inférieure était armée d'un bélier; au milieu de la hauteur, un pont mouvant permettait d'arriver sur la crête extérieure des murailles et l'étage supérieur était rempli d'archers qui faisaient pleuvoir sur les assiégés une grêle de flèches, ou descendaient leurs camarades dans la ville, avec des paniers d'osier.

Les marins se servaient pour attaquer les murs d'une ville, d'une machine d'un autre genre, appelée *sambuque*. C'était une sorte de longue galerie ouverte, élevée au-dessus des mâts de plusieurs galères attachées les unes aux autres, et qui restait ainsi suspendue jusqu'au moment où les galères arrivaient au pied des murs, au-dessus desquels, les assiégeants s'élançaient plus ou moins facilement. Au siège de Syracuse, Archimède inventa plusieurs moyens pour empêcher les sambuques de dominer les murailles de cette ville, et fit couler bon nombre de vaisseaux ennemis.

Les assiégés essayaient, par tous les moyens possibles, de mettre le feu aux machines ennemies : ils creusaient des mines pour les renverser et les perdre ; la catapulte — dont nous parlerons tantôt — était employée pour les détruire ; on se servait aussi, dans le même but, du bélier.

La *tortue*, sorte de machine montée sur des roues, servait d'abri aux soldats pour s'avancer contre les murailles ; quand la distance à parcourir était grande, on ajoutait bout-à-bout plusieurs de ces machines et les mineurs travaillaient ainsi en sureté.

La *musculus* (de *mus*, rat) était une machine assez semblable à la tortue et réservée aux mêmes usages. Elle était composée de quatre poutres couchées et réunies en forme de châssis, sur les quatre angles duquel on élevait quatre autres poutres pour soutenir le toit en dos d'âne, composé d'une forte charpente et couvert de lattes, puis de tuiles. On plaçait des cuirs crus par dessus, pour garantir le tout du feu, des traits et des pierres lancés de la place; cette machine était appelée *rat* parce que, comme un rat dans un trou, les soldats y étaient cachés pour travailler; elle servait principalement pour saper les murailles.

Le *pluteus*, était une machine ressemblant beaucoup aux deux dernières, mais de moindres dimensions, et d'un usage plus personnel, dirons-nous. C'était plutôt un grand bouclier qu'autre chose.

Une autre machine, servant de défense aux assiégeants, était appelée *saulcisse;* elle était composée de bois, de terre, et à l'épreuve du mousquet — donc, postérieure à toutes celles dont nous avons parlé. Les soldats la roulaient devant eux jusqu'aux bords de la contre escarpe, ou même dans les fossés de la place, et là, creusaient un grand trou pour miner les murailles, ou bien encore établissaient des ponts pour franchir les fossés.

Toutes les machines dont nous venons de parler, étaient comprises, dans l'artillerie des anciens, sous le nom général de : *machines d'approche et de démolition.*

Une des armes non portatives ou personnelles, destinée anciennement, non seulement à battre les murailles en brêche, mais encore à servir — en rase campagne — à lancer toute espèce de projectiles, était nommée *baliste* (du grec : *ballô*, lancer) et fut inventée par les Syriens. Elle formait, sur une charpente quelconque, comme un arc brisé et était munie de deux bras — non pas courbés comme l'arc d'une arbalète, dont les forces agissantes existent dans le ressort de l'arc même, dans sa courbure — mais droits, et dont les forces agissantes se trouvaient dans deux arcs de cercle qu'ils décrivaient horizontalement au moyen de ressorts en cordes ou en boyau placés à une extrémité de ces bras. Cette arme, appelée aussi *engin*, se bandait par le moyen de léviers et de rouages. Les projectiles lancés par les balistes employées à la défense de Syracuse, atteignirent — disent quelques écrivains — le poids énorme de cinq cents kilos. Il fallait que leur force fut réellement prodigieuse.

Magré l'exagération évidente qui caractérise quelques anciens écrivains quand il s'agit de vanter leurs amis, ou le parti qui les flattait, nous citerons, pour constater la force de la baliste, deux faits racontés par l'historien juif Josèphe, et rapportés par M. Aug. Parent dans son ouvrage « Siége de Jotapata. » « La tête de l'un des hommes qui se tenaient aux remparts, dit Josèphe, fut emportée par une pierre, et son crane fut lancé, comme s'il eut été projeté par une fronde, à trois stades de là. » Or, la stade olympique — qu'on employait d'habitude à cette époque — équivalait à 185 mètres, ce qui ferait pour trois stades 555 mètres. L'autre :

« Une femme enceinte reçut, en sortant de chez elle, une pierre sur le ventre ; l'enfant, arraché de ses entrailles, fut envoyé à une demi-stade, » C'est-à-dire à plus de 90 mètres, et l'historien achève son récit par cette exclamation. « Si grande était l'action des balistes ! »

C'est du nom de cette arme, que provient le mot *balistique*, désignant l'art, la technie des corps solides lancés dans l'espace par un moteur quelconque, et surtout, à l'époque actuelle, par les bouches à feu.

La baliste servait d'habitude, à lancer des traits et l'*onagre* (ainsi nommée, parce que, l'âne sauvage du même nom, lance des pierres avec les pieds de derrière quand il est poursuivi), autre machine, semblable à la baliste, était plus particulièrement employée à lancer des pierres. On se servait encore de balistes, en 1587, au siége de l'Ecluse (G. Piobert, traité d'artillerie, p. 85).

La *catapulte* (de deux mots grecs *katta* et *pallô*, lancer), qui servait également à lancer des pierres, des dards ou traits, des pots à feu, des flèches souvent empoisonnées et d'une longueur atteignant quelquefois trois à quatre mètres, fut aussi inventée par les Syriens. Cette arme consistait en un chariot sur lequel se trouvait un énorme faisceau de nerfs ou boyaux, à l'extrémité duquel existe une sorte de poche ouverte renfermant le projectile. On exerçait sur ce faisceau une forte tension et lorsqu'il se débandait, en frappant contre une des pièces de l'engin, il chassait au loin le projectile. La tension était pratiquée au moyen d'une pièce de bois que l'on forçait à se courber en arrière, à l'aide de cordes et de tourniquets et qui se redressait ensuite avec violence. La catapulte était mise en mouvement par une manœuvre opposée à celle dont on se servait pour la baliste : dans celle-ci, les bras moteurs se mouvaient, nous l'avons dit, dans un sens horizontal et fournissaient par conséquent, une trajectoire très-rasante, tandis que le levier de la catapulte avait sa force de bas en haut en se débandant, et sa trajectoire pouvait s'élever de beaucoup au-dessus de l'horizon.

On protégeait les servants de cet engin au moyen d'espèces de tortues. La catapulte de siége, énormément lourde, se montait et se démontait sur les lieux mêmes où elle devait servir. Celle de campagne, plus légère, était montée sur des roues. César rapporte qu'au siége de Marseille, les assiégés lançaient, au moyen de la catapulte, des pièces de bois de quatre mètres de long armées de pointes en fer qui traversaient facilement quatre rangées de fortes fascines et qui entraient ensuite très-profondément en terre.

La *mangana* ou *malleoli* était une espèce de baliste ou de catapulte au moyen de laquelle on lançait une *falarique* ou *falarica* (du latin *faloe*, tour) : sorte de projectile ayant la forme d'une grosse quenouille creuse, en fer et bois; dans la cavité de cette arme on plaçait des artifices qu'on allumait au moment de la lancer. On la poussait avec un arc peu tendu, afin que le mouvement fut plus lent : car, si ce mouvement avait été rapide, le feu aurait pu s'éteindre. La falarique était destinée à mettre le feu aux maisons ou aux machines sur lesquelles elle s'abattait.

Une de ces machines qui était à peu près aux balistes et aux catapultes, ce qu'est notre ***fusil de rempart*** (1) aux canons et aux mortiers fut nommée ***ribaudequer*** ou ***arbalète de passe***. C'était un arc de 4 à 5 mètres de long placé sur un fût de $0^{m}30$ à $0^{m}35$ de large et sur lequel une rainure ou

(1) Et dont voici la description : cette arme, du système Withworth, se charge par la culasse. Le canon a une section hexagonale. Le pas de l'hélice est de $0^{m}60$, le calibre, de 18 millimètres. Le mécanisme de fermeture se compose d'une culasse mobile glissant dans une boîte de culasse qui prolonge le canon en arrière; cette culasse ferme le canon et est maintenue en arrière par un coin. La prise de feu se fait comme au fusil modèle 1841, mais la platine, de plus grandes dimensions, n'a pas de cran de repos. Le chien, pour être armé, exige un effort de 12 kilos. Hausse analogue à celles des autres fusils, mais portant jusqu'à 1400 mètres. Des cornes protègent le guidon, et, interceptant la lumière, facilitent la visée. Deux balles à section hexagonale : l'une, en alliage de $^{4}/_{5}$ de zinc et $^{1}/_{5}$ d'étain, qui facilite le coulage et donne de la ténacité aux balles, pèse 118 grammes, à tête ogivale, diamètre inscrit $0^{m}017$, diamètre circonscrit $0^{m}019$; l'autre,

canal était creusé pour recevoir un javelot de 1m50 à 2m00 de long, ferré, empenné, et parfois fait en corne. On dressait cette arme sur les murailles, et on la bandait avec un tour ; sa puissance était telle que le trait pouvait transpercer quatre hommes de file.

Le *scorpion* et l'*arcobaliste* étaient des engins ressemblant à la baliste ou à la catapulte, mais de dimensions bien moins grandes.

Ces deux espèces de machines : balistes et catapultes ont été souvent prises l'une pour l'autre mais insciemment; elles ont aussi été combinées de manière à se servir et à s'appuyer réciproquement.

Il est souvent question dans les très-anciens récits de faits de guerre du *trébuchet*, *mangonneau*, *briccole*, *engin à verge* ou *tellenon*. Cette machine pouvait servir à deux fins : comme arme de jet, ou comme machine d'approche. Voici son mode de construction, l'usage auquel elle était destinée faisait modifier quelques unes de ses parties : à l'extrémité supérieure d'une forte poutre plantée en

destinée à percer le fer, est en acier fondu, pèse 137gr5, a une tête presque plate, et 3 ½ calibres de hauteur. Charge 25 grammes poudre d'infanterie, donnant 108 mètres de vitesse à la première balle.

Un pivot à charnière, placé en avant de la hausse, sert à limiter le recul : on l'enfonce dans un piquet en chêne. Poids de l'arme, 15 kilos.

terre, une espèce de verge dont les deux bras sont inégaux se joue librement. L'un de ceux-ci — la flèche — avait la forme d'une moitié de ressort d'arc, beaucoup plus fort près de la poutre qu'à son extrémité ; l'autre bras a partout les mêmes dimensions, et sert à donner l'impulsion. Le premier de ces bras — plus grand que l'autre — est disposé de manière à recevoir le projectile à lancer ou bien porte un panier destiné à porter les assiégeants là où ils n'auraient pu arriver par d'autres moyens. Dans l'exécution du mouvement, la machine bascule : le plus court des bras étant attiré vers le pied de la poutre, la grande flèche tourne rapidement de bas en haut et entraine le projectile ou le panier; dans le premier cas, la poche qui renferme le projectile arrive brusquement sur le point de suspension et le dépasse par suite du mouvement de la flèche, le projectile s'en écarte violemment et l'on comprend qu'il décrit une courbe avec une force qui ne dépend guère que de la nature des éléments de la machine ; il ne s'agit plus alors, qu'à faire lâcher à propos, le brin qui doit redevenir libre. Dans le second cas, on maintient avec le bras de la machine, le point où le panier est arrivé.

Voilà, à peu de choses près, les engins dont se composait toute l'artillerie des anciens ; et quoique les Grecs et les Romains eussent été nos premiers maîtres en l'art de la guerre, leur bagage catabalistique, n'était pas bien lourd. Nous allons le voir se développer par l'application de la poudre à canon à la guerre.

On a cru pendant longtemps, que la poudre à canon avait été découverte vers 1320 ou 1350, par le moine Berthold Schwartz, originaire de Fribourg. Des études un peu plus approfondies et des recherches mieux dirigées prouvent que le moine Schwartz, pas plus que Roger Bacon, mort en 1394 — autre inventeur présumé de la poudre — n'en est l'inventeur réel, car la poudre de guerre était connue, depuis peut être une centaine d'années avant les dates dont nous venons de parler, par les Arabes qui s'en servaient déjà pour lancer des graviers de fer, au siége de Sidjilmesa, en 1273. Il parait même que l'on s'est servi de la poudre à canon, au siège de Niebla (Espagne,) en 1257.

Il est aujourd'hui positif qu'un certain Marcus Grœchus — qui vivait vers le XIIe siècle — décrivait, dans un ouvrage latin publié en 1230, et d'une manière précise, les notions relatives à la préparation des mélanges incendiaires à base de salpètre, et conséquemment analogues, par leurs effets explosifs, à ceux de notre poudre à canon actuelle. Le résultat des études et des recherches du moine Schwartz se bornèrent à porter les puissances à construire des canons de grandes dimensions.

Néanmoins, ce ne fut qu'au commencement du XIVe siècle, qu'on commença à se servir de la poudre à canon, comme d'un agent explosif destiné à lancer des projectiles au loin. Il est certain encore, que les premiers engins ont dû être extrêmement imparfaits, et on part de cette imperfection même pour indiquer, d'une manière plus ou moins précise, les débuts de l'application de la poudre à l'art de la balistique. On sait aussi que la poudre à canon n'a commencé à être utilisée à la guerre que d'une manière identique à celle dont on employait jadis le feu grégeois, c'est-à-dire d'une manière incertaine et que le tir régulier n'a dû être mis en pratique qu'après bien des essais infructueux, bien des tâtonnements. (1) Le tir incertain a été employé avec quelqu'avantage jusque vers le milieu du XVe siècle et on s'en sert encore actuellement sous le nom de *fusée*, dont le tir est indubitablement mieux réglé que ne l'était celui qui marqua les débuts de la poudre à canon à la guerre.

Il en est de l'époque des premiers tirs de fusées comme de bien d'autres découvertes : on n'est pas d'accord sur la date précise où la première a été tirée. Robert Blondel rapporte qu'en 1449, lors du siége du Pont Audemer (département de l'Eure), par Charles VII, à l'époque où il reconquit la Normandie sur les Anglais, un varlet du comte de Saint-Paul, soit en jouant, par imprudence,

(1) C'est seulement en 1523, que, suivant Moritz Meyer, on a commencer à *grener* la poudre qui, jusqu'alors, avait été employée à l'état de poussier.

par recherche de perfectionnement, par amour de la difficulté à vaincre, pour expérimenter la valeur du nouveau feu grégeois, ou pour tout autre motif, s'avisa de lancer sur la ville assiégée une fusée enflammée suivie de plusieurs autres qui mirent le feu aux maisons ce qui facilita la prise de la ville. Un autre auteur rapporte que les premières fusées furent lancées à Estampes, en 1465, deux jours après la bataille de Montlhéry, pour en célébrer le gain, par un artificier, nommé Jean Boutefeu, qui crut ainsi faire hommage au comte de Charolais, plus tard Charles-le-Téméraire, ainsi qu'au duc de Berry, et ajouter à l'éclat de la fête.

Il existe actuellement encore, plusieurs artifices du nom de fusée; ce qu'on entend plus particulièrement par ce mot désigne plutôt la mèche destinée à communiquer le feu aux projectiles creux, après leur départ de la bouche à feu ; il y a ensuite les *fusées à la congrève ou incendiaires*, les *fusées éclairantes*, les *fusées nageantes* pour attaquer les batiments, etc. ; celles-ci se composent d'une cartouche en papier, en bois ou en métal, remplie de poudre mélangée à d'autres substances ; à cette cartouche est adoptée une baguette qui sert de contre-poids et de directrice à la fusée. La propriété remarquable de ces dernières, est celle qu'elles possèdent de porter en elles-mêmes le principe de leur mouvement : la composition dont elles sont chargées s'enflamme avec vivacité, produit une colonne de feu qui frappe une pareille colonne d'air, laquelle, force par la réaction de la compression, le corps de fusée à s'élever suivant une direction convenable à l'objet qu'on se propose.

Avant de rapporter l'historique des engins de la balistique nouvelle, nous devrions dire quelques mots sur l'emploi de la poudre à canon dans la guerre de campagne, à l'instar des anciens modes d'usage du feu grégeois, et ce serait ici le lieu pour le faire. On détermine actuellement cet emploi sous la dénomination générale de *machines infernales;* elles comprennent les *fougasses*, les *fougassons*, les *torpilles*, les *mines de campagne*, les *feux clandestins*, les *pétards*, etc.; mais, pour remplir ce but tel que nous le comprenons, nous croirions sortir du cadre que nous sommes tracé. Nous renverrons le lecteur curieux des détails relatifs à ces artifices, à l'excellent opuscule : « Les machines infernales dans la guerre de campagne », par H. Wauwermans, capitaine du génie, Bruxelles, Muquardt, 1870.

L'histoire nous apprend qu'en 1453, au siége de Constantinople, par Mahomet II, le feu grégeois fut encore employé pour la défense et l'attaque de cette ville. Mais à mesure que la préparation de la poudre à canon se divulgua et que les projectiles purent recevoir une vitesse initiale assez grande pour transpercer les armures métalliques, le feu grégeois fut abandonné et on finit même par oublier son nom. C'est seulement alors que les bouches à feu commencèrent à jouer un rôle important à la guerre. Une fois que les effets de la poudre à canon furent bien appliqués et qu'on put bien en régler et déterminer les différents usages, on ne chercha guère à la perfectionner; seulement, la découverte de la poudre fulminante à base de chlorate de potasse et celle à base de chlorate de mercure modifia sensiblement — comme nous l'avons dit déjà — la fabrication des armes à feu. Tout ce qu'on a cherché à faire pour la poudre à canon a été de simplifier ou plutôt de faire progresser ses agents productifs de manière à la fabriquer à meilleur marché et le plus rapidement possible. Cependant, malgré la découverte de plusieurs autres produits explosifs, tels que la *poudre Neumeyer*, le *pyroxyle* ou *poudre-coton*, (préparé pour la première fois, à Paris, en Septembre 1838, par l'ingénieur civil Morel), la *poudre blanche* (chlorate de potasse mélangé de diverses substance), la *nitro-glycérine*, la *dynamite* (mélange de nitro-glycérine et de sable), la *poudre picrique* (mélange de picrate de potasse et de salpêtre), le *feu fénian* (liquide formé de phosphore dissous dans du sulfure de carbone); on en revient toujours, pour la pratique, à la poudre de guerre. Voici d'après les innombrables essais, faits dans tous les pays, pour arriver à fabriquer la meilleure poudre, la composition pratique de celles actuellement en usage :

POUDRE de	QUANTITÉS POUR CENT DE			OBSERVATIONS. (1)
	Salpètre.	Soufre	Charbon.	
Guerre.	75,00	12,50	12,50	
Chasse.	77,50	9,30	13,20	Composition fournissant une poudre plus vive qui permet d'employer des charges plus faibles; était employée pour les anciens pétards.
Mine.	63,00	20,00	17,00	Composition fournissant une poudre moins vive, mais plus inflammable, moins hygroscopique et plus riche en gaz.

Une grande question a été de décider si, depuis l'invention de la poudre, la guerre était moins terrible et moins sanguinaire. Voici, en quelque mots, ce que l'histoire et la comparaison des différents âges de l'univers nous apprennent à ce sujet :

La force corporelle était chez les anciens, la principale cause du gain de la bataille; mais, pour acquérir cette force il fallait dès l'âge le plus tendre,

(1) Le charbon, dans la poudre, est avec le salpètre, ce qui fournit les gaz; le soufre n'y est que pour l'incorporation, la granulation et sa conservation en apportant un obstacle à son hygrométrie; il augmente la densité de la poudre, son inflammation et sa force. Toutes choses égales d'ailleurs, c'est de l'exactitude parfaite du mélange que dépend la bonté de la poudre. (L. Panot, Cours sur les Armes à Feu, p. 286.)

avoir reçu une éducation mâle et robuste, il fallait savoir supporter et vaincre toutes les intempéries des climats et se former une constitution supérieure aux évènements. Une armée composée de soldats ainsi élevés était invincible; aussi cette force du corps, chez ces peuples, était-elle regardée comme la première des vertus guerrières. Accoutumés à voir l'ennemi de près, à le combattre à l'arme blanche, leur bravoure était une qualité indispensable, et l'on sait que la nécessité fait un héros de l'homme le plus timide. (1) La poudre à canon fit disparaître le chevalier qui fut remplacé par le boulet ou la bombe.

De nos jours il n'en est plus tout à fait ainsi : depuis que le canon et l'arme à feu sont devenus la force des armées, le courage est devenu une vertu moins essentielle — en quelque sorte accessoire de la victoire. A l'aide de son fusil, un poltron ou un maladroit fera mordre la poussière au guerrier le plus intrépide. (2)

(1) Il existe, de ces derniers mots, une preuve bien frappante : la statistique nous a montré que la nécessité, le besoin, la misère ont formé, dans ces dernières années, plus d'un dompteur de lions, état qui demande, certes, beaucoup de courage et de sang-froid.

(2) Turenne, en 1675, et Bayard, en 1524, moururent ainsi ; ce dernier surtout, haïssait souverainement l'arquebuse alors fort en usage : « C'est une honte, disait-il souvent, qu'un homme de cœur soit exposé à périr par une misérable friquenelle. »

Les batailles, dit-on, sont devenues moins meurtrières : c'est selon. L'armée vaincue, faisait — avant l'application de la poudre à canon à la guerre — souvent une perte considérable, mais le vainqueur perdait, relativement, peu de monde. Aujourd'hui c'est souvent le contraire qui a lieu.

Comme moyen moral, dirons-nous, la guerre actuelle a gagné à l'emploi de la poudre à canon : on se tue plus rarement corps à corps, rarement on plonge son arme dans le sein de son ennemi ; il y a donc une plus grande somme de cruauté en moins. Ensuite, les moyens d'action étant plus puissants, la guerre est plus tôt terminée. Enfin, l'industrie minière a gagné, à l'invention de la poudre, un puissant auxiliaire, ce qui n'est pas à dédaigner. (1)

Disons, en passant, qu'on s'est servi, pour la première fois, de la poudre pour faire sauter les murailles, en 1503, au siège du château de l'Œuf, à Naples.

Nous avons vu que les premières armes à feu étaient appelées *canon* ou *quennon ;* le dérivé

(1) L'invention de la poudre a fait une chose qu'on n'aurait pas soupçonnée ; c'est que la force des armées navales a, plus que jamais, consisté dans l'art; car, pour résister à la violence des canons et ne pas essuyer un feu supérieur, il a fallu de gros navires. Mais à la grandeur de la machine on a dû proportionner la puissance de l'art. (Montesquieu. Grandeur et décadence des Romains).

canonnier ou *quenonnier*, désignait les servants. Une pièce authentique de la république florentine, datée du 11 Février 1325, établit que les bouches à feu, étaient en usage, en Italie, dès la même année. La fabrique de canons que possédait Cahors, ville française du département du Lot, dès 1345, et une quittance du 2 Juillet 1328 nous prouvent que la France avait étudié, d'assez bonne heure, la connaissance de la poudre à canon Quelques années après, 1346, à la bataille de Crécy, les Anglais firent, dit-on, usage des canons, pour la première fois en rase campagne.

On fabriqua, dès le principe, deux espèces de canons : les *bombardes* (du celte *bom*, bruit), première espèce, étaient des tubes de petites dimensions, et percés d'une lumière vers la culasse. (1) En chargeant la pièce, la poudre arrivait en partie, dans cette lumière, qu'on achevait de remplir après le chargement ; on y mettait le feu et le coup partait. Telle est la bouche à feu primitive. Les *veuglaires* (du flamand *vogheleer*, oiseleur), seconde espèce, étaient faits de deux parties qui s'adaptaient exactement l'une à l'autre : la *chambre à feu* et la *volée* qui existe encore mais sans cesser de faire partie

(1) On désigne encore sous le nom de *bombardes*, des bâtiments à fond plat destinés à lancer des bombes. Elles ont été inventées au XVIIe siècle ; et les premières, construites à Dunkerque, en 1680, furent employées pour la première fois à Alger, deux ans après.

intégrante de la pièce. On manœuvrait la chambre à feu — qui s'introduisait dans la volée — au moyen d'une anse, comme on en voit encore deux au dessus des tourillons d'un obusier. Cette chambre à feu — comme son nom l'indique, du reste, — contenait la charge; la volée était tout simplement un tube en métal, ouvert à ses deux extrémités, et servant à diriger le projectile sortant de la chambre à feu. Les Français se servaient de semblables armes, au siége de Dinant, en 1554. Pour chaque volée on eut deux chambres à feu : on chargeait l'une pendant qu'on tirait avec l'autre. On réunissait les deux parties au moyen de coins et de crampons; on pratiqua ensuite une vis à l'extrémité de la chambre et on tarauda celle de la volée, de manière que les deux parties, vissées ensemble ne formaient plus qu'une seule pièce au moment du tir.

Nous avons parlé — dans notre première conférence — du *canon à main* se composant d'un fort tube en métal, placé sur un petit affût en bois que l'homme d'arme appuyait sur son épaule droite et qu'il faisait partir en y mettant le feu avec la main gauche. C'est la forme primitive des bombardes. Elles ne furent pas toujours cylindriques, il en exista beaucoup même, affectant la forme d'un cône tronqué et beaucoup plus courtes, la partie postérieure de ces dernières, amincie, se terminait par une sorte de bouton droit ou recourbé, ce qui permettait de ficher la bombarde en terre. Plus tard, tout en conservant cette espèce de queue qui formait comme le tonnerre de la pièce, celle-ci s'allongea tout en restant cylindrique, et le tir acquit — de cette transformation — beaucoup plus de justesse.

A cette époque, — vers 1570 — les bombardes furent placées, pour la première fois, sur des *affûts*, inventés par les Italiens. Les premiers étaient formés d'une forte planche en bois, portant, un peu au delà de sa demi-longueur, deux supports mi-sphériques pour recevoir les tourillons de la pièce, et munie à sa partie postérieure de deux montants en bois entre lesquels on faisait mouvoir le bouton ou *queue* de la bombarde. Les inventeurs de l'affût le nommèrent tout d'abord *cerbotana*. Un peu plus tard, les bombardes ayant acquis plus de volume, on les plaça sur des affûts plus convenables et plus résistants. C'est toujours une planche, mais munie, cette fois, de quatre roues pleines et dépendantes les unes des autres deux à deux. La partie antérieure de l'affût porte deux fortes pièces de bois triangulaires réunies au sommet par une traverse. Un peu en arrière, se trouve une fourche en fer destinée à soutenir le canon, et la partie postérieure de l'affût est garnie de deux montants en bois, ou *pointards*, percés de trous correspondants, dans lesquels on fait passer une broche en fer pour soutenir la queue du canon et en faciliter le pointage qui était, quand même, très difficile à opérer, attendu qu'on devait soulever la partie postérieure du canon pour élever ou descendre la broche. (1) Cette bombarde, sur son affût, ne pouvait voyager qu'en ligne droite, et on y mettait le feu au moyen d'une barre en fer rougie : ce qui était déjà un progrès, car dans le principe, le feu était communiqué au moyen d'une traînée de poudre aboutissant à la lumière et sur laquelle on battait le briquet.

On possédait aussi, à l'époque dont nous parlons, c'est-à-dire vers la fin du XVIe siècle, un autre engin de guerre appelé *ribaudequin*. C'était une sorte d'essieu très-élevé, placé entre deux roues pleines, portant plusieurs petits canons et une série de piques longues et grosses, ordinairement garnies de masses d'étoupe imbibée de liquide inflammable. Cet instrument servait plutôt à effrayer les hommes et les chevaux qu'à leur faire éprouver de grandes pertes par les projectiles lancés. On ne tirait les canons de cet engin qu'une seule fois, au commencement de la bataille, puis on les laissait là. Ils étaient très-probablement placés dans les intervalles des troupes, en présence de l'ennemi et aux points les plus menacés. Ou les a remplacés par les *chevaux de frise*, un des accessoires de la fortification. Quand on débarassa les ribaudequins des piques, on y ajouta quelques canons et on nomma le nouvel engin *orgue de bombardes*, qui nous

(1) Cette manière de pointer fut remplacée par la vis de pointage, déjà connue au XVIe siècle, mais qui ne fut décidément adoptée par l'artillerie, que deux siècles après.

semble être le principe, l'idée mère de la mitrailleuse au sujet de laquelle il a tant été discouru de nos jours.

Les progrès apportés dans la fabrication des armes firent adopter d'autres noms et d'autres formes aux armes à feu non portatives. On eut alors des *couleuvres* et des *couleuvrines*, canons à calibre très-faible et à longue volée pesant de 6 à 25 kilos; puis des *serpentins*, un peu plus gros; enfin on eût des canons entièrement encastrés dans leur affût. On donna aussi, aux bouches à feu, les plus singulières dénominations : *basilic*, *dragon volant*, *passe-mer*, *aspic*, etc.

Tous les historiens sont à peu près d'accord pour affimer que les premiers canons étaient en bois, et qu'ils devaient lancer des projectiles analogues aux *graviers de fer* ou *avelines* des Arabes. En tous cas, le musée de Gênes possède plusieurs petits canons en bois formés de douves assemblées et recouvertes de cuir; ils datent de la première moitié du XIVe siècle; les Suédois avaient encore des canons semblables à la bataille de Leipzic, en 1631. M. le comte de Bauvoir, rapporte, dans son « Voyage autour du Monde, » voyage effectué en 1866 et 1867, qu'il a vu, sur les murs de Pékin, d'énormes canons en bois, et qu'il en a été fort étonné.

Ils furent très rares en Europe les canons en bois; cependant, les royalistes de la Lozère firent usage de canons semblables, entourés de cercles en fer, à la bataille livrée près de Mende, en 1794, contre les armées républicaines. Presque toutes les très-anciennes bouches à feu qui sont parvenues jusqu'à nous sont en fer forgé, composées de barres de fer soudées longitudinalement et assurées entre elles par des manchons cylindriques. En outre, des bandes ou cercles en fer, d'épaisseur et de diamètre différents, chassés à coup de marteau, les renforçaient d'espace en espace.

Un peu plus tard, c'est-à-dire, vers 1370, on coula les canons en cuivre, puis en bronze et l'on revint au fer — mais coulé. Le coulage des canons se faisait par les ouvriers, fondeurs de cloches, qui employaient à peu près des moyens semblables.

Jusqu'ici, les canons ne servaient qu'à l'attaque ou à la défense des places. Les Anglais sont, paraît-il, les premiers qui s'en servirent en rase campagne, à la bataille de Crécy qui eut lieu le 26 Août 1346, comme nous l'avons dit plus haut.

Vers 1380, la marine adopta l'artillerie, et les navires de guerre et de commerce disposèrent des canons à leur bords. Les premières ***batteries flottantes*** furent essayées vers 1550. (1)

(1) On adopta aussi exclusivement pour la marine, une nouvelle espèce de bouche à feu, nommée *caronade,* de *carron,* fonderie écossaire, où les premières furent fabriquées vers 1774. C'était un canon très court et très léger, relativement au poids du boulet. Les caronades furent conservées jusqu'à l'époque où les batiments cuirassés demandèrent de plus puissants engins de destruction pour percer leur armure métallique.

« En France, dit M. Louis Figuier, dans ses « Merveilles de la science » où l'art de fabriquer les canons était moins avancé que dans les autres pays, les bouches à feu ne lançaient que des flèches de fer et des *carreaux*, grosses pointes ou flèches en fer, affectant la forme d'une pyramide quadrangulaire. La portée des bouches à feu françaises, n'égalait même pas la portée des engins de l'ancienne balistique. Ces canons n'avaient d'autre avantage sur ces dernières machines, que d'effrayer les chevaux par le bruit inusité de la décharge. Les pointes de flèches en fer lancées par les canons, étaient fixées, près de chacune de leurs extrémités, dans des rondelles de cuir qui centraient la flèche dans l'âme de la pièce et diminuaient le *vent* au moment du tir.

« A ces bouches à feu, d'une construction médiocre et d'une résistance problématique, il fallait des projectiles légers. Les artilleurs de ce temps croyaient que l'effort de la poudre se partage également entre les parois intérieures du canon et le projectile : de telle sorte que, si le poids du canon était égal à celui du projectile, le canon serait lancé avec la même force, dans une direction opposée à celle du projectile; ce principe est parfaitement vrai en lui-même : ce n'est que depuis fort peu de temps que l'on a été conduit à y apporter certains correctifs. Partant de ce principe, ou fut amené à construire des canons très lourds. Comparativement au projectile, et, quoique la poudre du XIVe siècle qui ne s'employait qu'à l'état de poussier, fut assez peu énergique dans ses effets, on ne pouvait faire usage que de projectiles ne dépassant pas un certain poids, si l'on voulait que l'explosion de la poudre n'amenât pas la rupture de l'arme.

« Les longueurs et diamètres de l'âme et de la chambre, relativement au calibre, n'étaient point déterminés, comme ils le sont maintenant, avec une précision mathématique. Ces diverses mesures variaient suivant le caprice des constructeurs et des fondeurs. C'est ainsi qu'on trouve des veuglaires, dont les différentes dimensions affectent les rapports les plus sensiblement variables.

« L'utilité de la longueur de la volée n'était pas, non plus, bien comprise. Quoiqu'il en soit, la règle des artilleurs de ce temps, était de prendre une charge de poudre supérieure au poids du projectile.

« Les artilleurs du XVe siècle employaient toujours trop de poudre, et leurs armes étaient trop courtes. Ils pensaient, mais à tort, que plus la charge de poudre est forte et plus longue est la portée du projectile ». (Ils ne savaient peut être pas, que la déflagration de la poudre ne se fait pas instantanément, et qu'une certaine partie, dans une charge trop forte, est projetée au-dehors de la pièce, sans brûler). Il est vrai qu'on pourrait admettre que cette combustion, hors du canon, était peut être recherchée, à cause de la frayeur qu'elle devait occasionner à l'ennemi.

Voici comment s'effectuait le chargement d'une bouche à feu vers le XVIIe siècle : Le *maître artilleur* s'assurait d'abord si la pièce était propre ; il y passait l'*écouvillon*, ensuite il dégorgeait la lumière avec une épinglette en fer. Cela fait, il puisait la poudre, renfermée dans un tonneau ou sac de cuir avec une cuiller en fer, dont le manche avait une longueur proportionnée à celle du canon, et il introduisait avec précaution, cette cuiller pleine de poudre, au fond de la pièce, où il la versait. Il donnait ensuite un coup de refouloir sur cette poudre ; pendant ce temps, un aide tenait un doigt sur la lumière, pour empêcher la poudre de s'échapper par cet orifice au moment de la compression de la charge. Le maître artilleur introduisait une seconde, puis une troisième charge de poudre, en ayant soin de ne les verser qu'au fond. Alors, avec un bouchon de paille ou de foin « lequel — disait l'ordonnance — y doit entrer quelque peu serré, pour emporter toute la poudre éparse dans l'âme », il nettoyait de nouveau l'âme de la pièce, afin qu'aucun grain de poudre n'y restât et put prendre feu par le frottement, au moment de l'introduction du projectile, qu'il faisait enfin pénétrer dans la pièce. Si le tir devait avoir lieu dans une direction inclinée, de haut en bas, on calait le projectile au fond de la pièce avec un bouchon en paille ou en foin.

« Les bouches à feu ou bombardes tiraient ainsi de six à dix coups par heure ; mais cent ans auparavant on pensait qu'un canon ne pouvait tirer que *deux* coups dans le même laps de temps.

« Les petites pièces ne demandaient pas autant de soin. Les veuglaires, grâce à leur chambre à feu mobile et pourvue d'une anse, se chargeaient avec moins de difficulté. La poudre seule était mise dans la chambre à feu et recouverte d'un bouchon de paille ; on ajustait la chambre à feu sur la volée, à l'aide de brides ou d'étriers et de coins, et l'on introduisait le projectile par la volée. »

Nous venons de voir que, jusqu'à présent, les grosses armes à feu agissaient et étaient employées bien plus comme épouvantails, que comme dommageables à l'ennemi. Vers 1341, un potier d'étain, Pierre de Bruges, imagina, de remplacer le carreau de fer par une masse de plomb (dont la densité est de 11,35, tandis que celle du fer n'est que de 7,79) d'environ un kilcg. mais affectant toujours la forme carrée. Les consuls de Tournay adoptèrent de suite ce projectile, bientôt employé à l'exclusion de tout autre ; on laissa de côté, la flèche de fer concentrée par des rondelles en cuir.

Il parait que les projectiles explosibles firent leur apparition vers 1356, car on lit dans les Annales de Louvain, qu'à la bataille de Santvliet, livrée par les insurgés brabançons contre Louis de Mâle, les Louvanistes lancèrent 32 *bombes* dans cette journée. (1) Seulement la difficulté de trouver un moyen pour faire éclater la bombe après son départ de la bouche à feu, en retarda l'emploi jusque vers 1630, époque à laquelle les Allemands lancèrent des grenades du poids de 50 kilos. Un écrivain du XVIe siècle prétend que les Chinois connaissaient l'emploi et faisaient usage de bombes longtemps avant les Européens ; ils se servaient, dit-il, de projectiles creux qu'ils savaient faire éclater à une distance de 2,000 pas.

Dès l'origine de l'artillerie on fit usage de projectiles creux qu'on lançait avec des mortiers. Au

(1) Les premiers essais ne paraissent pas antérieurs au siége de Saint Boniface, en Corse, en 1421, dit G. Piobert dans son « Traité d'artillerie », p. 136, quoique les auteurs anciens aient cité l'effet d'un globe explosif de nouvelle invention qui éclata en Danemarck, en 1361, et l'emploi de projectiles creux contre Ratisbonne, en 1388.

Les premiers projectiles creux, dit le même auteur en continuant, furent fabriqués en bois, en pierre et en cuivre ; on les formait de deux hémisphères réunis par un cercle et par des clavettes, autrement il eût été difficile de creuser leur vide intérieur ; tels étaient les projectiles creux qui furent en usage en Italie, vers le milieu du XVe siècle. On dit que beaucoup de ces projectiles furent lancés aux siéges de Heilsberg, en 1520, de Mézières, en 1521, de Rhodes, en 1522 et de Boulogne, en 1542. Vers la même époque, on coulait déjà les projectiles creux en métaux fusibles et cassants, comme la fonte de fer et comme le bronze formé de trois parties de cuivre et une d'étain.

XVIIe siècle, on imagina de les projeter plus horizontalement, comme des boulets ordinaires, et c'est alors qu'ils reçurent le nom d'*obus*. Les *obus à balles* ont été inventés vers la même époque. Les *obus schrapnell*, du nom de leur inventeur, colonel Anglais, furent inventés sous le consulat et essayés en 1803; quelques années plus tard, l'artillerie anglaise les employa en Portugal et en Espagne. La facilité avec laquelle la fusée des obus s'éteignait fit découvrir, par le docteur Leroy d'Etiolles, vers 1831 ou 1832, les obus à *fusée percutante*, auxquels le feu n'est communiqué que lorsqu'ils touchent un but. Les *obusiers*, (de l'allemand *Haubitze*), ont pris naissance en Hollande, d'où leur fabrication passa en Angleterre. Les Hollandais et les Anglais firent usage de ce projectile contre Louis XIV, mais on ne connait pas bien l'époque de l'introduction de l'obusier en France; ce n'est guère qu'à partir de 1765, qu'il y devint d'un usage général.

Il y a des incertitudes sur le lieu et l'époque de l'invention des bombes modernes. Suivant les uns, un habitant de Venloo (Hollande), en fit usage en 1580, en voulant donner au duc de Clèves le spectacle de son savoir faire, et ne fit, paraitrait-il, que trop d'effet; car, étant tombée sur une maison, la bombe enfonça le toit et les planchers auxquels elle mit le feu, l'incendie se communiqua aux maisons voisines et consuma les deux tiers de la ville.

Suivant les autres, Charles VII, s'en servit, dès 1452, au siège de Bordeaux. En tous cas, ce qui est certain, c'est que ce fut, en 1602, au siège d'Ostende, qu'on employa pour la première fois le canon pour lancer des bombes. Les Français les employèrent pour la première fois, au siège de Lamothe, en 1634. En 1648, on en fit une grande consommation au siège de Candie. L'usage des bombardements en grand date du règne de Louis XIV, qui créa le régiment des *bombardiers*. Nous avons dit que ce qui sert à communiquer le feu au projectile creux, à son départ du canon, s'appelle *fusée*. L'*étoupille* sert à mettre le feu à la charge du canon même.

Le XVe siècle vit construire ces énormes bouches à feu ou bombardes, dont le principal exemplaire existant encore, se voit à Gand, sur le marché du vendredi et qui a reçu le nom de *Dulle Griete*, Marguerite l'enragée. Voici ce que dit de cette pièce, M. Louis Figuier, dans l'ouvrage déjà cité : « Elle fut construite vers le milieu de XVe siècle, et servit au siège d'Audenaerde. C'est la plus grande bouche à feu qui soit parvenue jusqu'à nous. Elle mesure 5 mètres de longueur totale. L'âme de la volée a 3^m^31 de longueur et 0^m^64 de calibre ; celle de la chambre 1^m^37 de longueur et 0^m^26 de diamètre. Son poids est de 16,400 kilog. Elle pesait donc presque tout autant que la fameuse bombarde construite à Luxembourg, en 1450, pour le compte du duc de Bourgogne et qui ne pût être utilisée. Le poids du boulet devait être de 340 kilog : le 48e du poids de la pièce ; la charge de poudre peut être évaluée à 40 kilog : $^1/_8$ ou $^1/_9$ du poids du boulet.

« La volée se compose de 32 barres de fer forgé, de 0m05 de largeur sur 0m03 d'épaisseur, assemblées longitudinalement comme les douves d'un tonneau, et infléchies, vers l'axe à la partie postérieure de la volée, de façon à former un segment sphérique, se continuant, par une surface cylindrique, de diamètre intermédiaire entre celui de la chambre et le calibre de la volée, et portant un pas de vis qui concorde avec celui de la chambre. Quarante-et-un manchons ou cercles en fer, d'égale largeur, accolés et soudés les uns aux autres, enveloppent entièrement les barres de fer et les assurent dans leur position. Leur épaisseur différente, croissant jusqu'à la chambre à feu, divisent la volée en quatre cylindres, dont les diamètres extérieurs sont : 1m00, 0m938, 0m880 et 0m820. Un bourrelet formé de trois manchons d'épaisseur progressive, renforce la bouche.

« La chambre à feu est formée de vingt anneaux soudés ensemble ; deux sont creusés de mortaises qui doivent recevoir les léviers destinés à visser et à dévisser les deux parties de la pièce pour les ajouter l'une à l'autre. La lumière est légèrement oblique, elle aboutit vers le fond de la chambre, son diamètre est de 0m01, un petit calice profond de 0m02, reçoit la poudre d'amorce.

« Le taraudage d'aussi grosses pièces de fer dût présenter des difficultés considérables ; aussi ne fut-il pas exécuté avec une bien grande précision. La chambre incline un peu à gauche, et sa jointure avec la volée laisse à droite, un écartement de $0^{m}02$ de profondeur. Sept des barres longitudinales ont été brisées, par l'action du tir, à $0^{m}40$ de la bouche, et les chocs des boulets, ont creusé dans l'âme, des dépressions qui rendent son diamètre inégal. »

Ce pierrier, dit un autre auteur, fut repris dans cette ville (Audenaerde), par le capitaine gantois Rockelfing, et envoyé à Gand, où il arriva le 8 Mars 1578. Il fut placé à l'endroit où il se trouve actuellement, le 15 Septembre de la même année.

Voici ce que dit de ce canon, l'historien Froissard, parlant du siège d'Audenaerde, où — comme nous l'avons dit — on rapporte qu'il fut, pour la première fois, mis en œuvre par les Flamands de Gand.

« Pour plus ébahir ceux de la garnison d'Audenaerde, ils firent faire et ouvrir une bombarde merveilleusement grande, laquelle avait 33 pouces de bec et jetait carreaux, merveilleusement gros et pesants ; et quand cette bombarde descliquoit (détonnait) on l'ouiait, par jour, bien de cinq lieues loin, et par nuit, de dix et menait si grande noise au descliquer, que il semblait que tous les diables d'enfer fussent en chemin ».

Vers 1450, on construisit des bombardes coudées, auxquelles on donna le nom de *mortier*, (1) probablement a cause de leur forme. On n'a commencé à faire usage, en France, du véritable mortier qu'en 1634, mais les Turcs l'avaient déjà employé au siège de Rhodes, dès 1522. Vinrent ensuite, les *bombardelles*, les *crapeaudeaux* et les *couleuvrines emmanchées*.

Un perfectionnement apporté à la fabrication des bouches à feu, par l'adjonction d'un accessoire qui, à première vue, paraît être de peu d'importance et qui cependant, en a une très grande, est celui de l'emploi des *tourillons*, dont l'emploi parait remonter à l'année 1480, sous le règne de Louis XI, sans qu'il soit possible de déterminer cette date avec plus de précision. (C'est sous le même règne que le projectile de pierre, jusqu'alors

(1) Les mortiers, dont le premier usage fut de projeter des pierres, continuèrent pendant longtemps à être employés à lancer des boulets de grès, généralement adoptés alors; on se servit de mortiers à Algésiras, en 1342; en Flandre, en 1385; en Allemagne, en 1421; à l'armée du comte de Charollais, en 1465; chez les Turcs, en 1480; au siège de Richemont, par les Messins, en 1483; en 1495, dans le royaume de Naples, et au siège de Metz, par Charles-Quint, en 1552.

Dès la fin du XVe siècle, les mortiers servaient à lancer des projectiles creux; on les employa à cet usage, en 1521, au siège de Mézières. En 1555, 1587 et 1598, les mortiers servaient à lancer des projectiles creux et des boulets de pierre. (G. Piobert, Traité d'Artillerie, p. 162).

employé, fut remplacé par le boulet en fer de fonte.) (1)

Les *tourillons* sont deux ailettes cylindriques placées de chaque côté, à peu près au tiers de la pièce, faisant partie intégrante et coulées en même temps que la bouche à feu. Ils ont pour but de supporter tout le poids de la pièce en la tenant en équilibre par ses deux points latéraux. Le canon acquiert, de cette manière, une mobilité excessive dans le sens vertical, et le pointage, dans ce sens, s'opère avec la plus grande facilité, en faisant basculer la pièce sur son axe, celui-ci étant maintenu au moyen de n'importe quoi, dans la position voulue.

Les tourillons qui favorisent si bien le pointage dans les sens vertical, ont encore l'avantage de n'opposer aucune résistance à la force de recul. On n'exagère donc rien en disant que la découverte et l'application des tourillons fut le plus grand progrès que l'artillerie eût reçu depuis sa création.

Cette application des tourillons aux mortiers, changea complètement le tir de ces dernières armes, et en 1646, Malthus, gentilhomme anglais, publia un ouvrage dans lequel il décrivait tout ce qui concernait, à cette époque, l'art de lancer des bombes.

(1) C'est, dit-on, à l'application des tourillons, que François Ier dût, en grande partie, le gain de la bataille de Marignan, en 1515, par la facilité apportée dans le pointage des pièces.

Un accessoire catabalistique qui eut de grandes difficultés à vaincre et ne se perfectionna que bien lentement, est l'affût des pièces. Il nous serait impossible, d'après le cadre de notre travail, d'exposer tous les essais qui ont été tentés à cet effet. Vauban, vers 1660; le maréchal-de-camp Vallière, vers 1747; le général Gribeauval, vers 1780; furent, en France, les principaux personnages qui firent progresser l'artillerie, et provoquèrent des changements considérables dans la confection de l'affût des pièces. (1) On doit au général Gribeauval, d'autres

(1) Nous extrayons, à titre de curiosité, ce que dit M. H. de Parville, dans ses « Causeries Scientifiques, découvertes et inventions, progrès de la Science et de l'Industrie, 10e année, 1870, Paris, 1872, » pages 96 et suivantes, au sujet de l'emploi, pendant le siège de Paris, d'une pièce de canon, appelée *Joséphine*, montée sur un affût inventé il y a peu d'années par l'anglais Montcrieff et *rendu praticable*, (telle est l'expression de M. de Parville), par l'amiral Labrousse, mort après le siège. « Cet affût est formé de deux parallélogrammes articulés à leurs quatre angles, dont les branches supérieures portent les tourillons du canon qui, lors du tir, décrit un arc de cercle et s'abaisse à terre par l'effet du recul. Dans l'affût Montcrieff, cette chute était arrêtée par des contre-poids; mais lorsqu'il s'agit d'un mouvement assez violent et aussi instantané, des poids opposent trop d'obstacles au départ, à cause de leur inertie, qui serait infinie si l'instantanéité était mathématique, et ils ne résistent plus assez à la tombée, par ce que cette inertie est perdue et qu'ils suivent naturellement le mouvement imprimé. Mais l'amiral Labrousse corrigea ce défaut en opposant au mouvement l'obstacle toujours croissant

résultats importants : il fit établir, en 1775, de toute l'artillerie francaise, deux grandes divisions : l'*artillerie de siége* et l'*artillerie de campagne*. Sous son administration, la charge, fixée au tiers du poids du boulet, fut enveloppée dans un sachet en serge ou gargousse et le *boulet ensaboté*, ce qui

de ressorts spéciaux; de sorte que lorsqu'en tombant, le canon tend à suivre le mouvement accéléré dû à la pesanteur, les ressorts lui opposent un obstacle qu'on peut presque appeler accéléré en sens inverse. Il en résulte qu'avec une tension convenable le canon arrive en bas presque sans vitesse et sans choc. Ce résultat a été obtenu en prolongeant vers le bas les branches verticales portant les tourillons et en articulant au bout une tige, qui traverse par leur milieu une série de calottes sphériques en acier, qui s'appuient l'une sur l'autre par leurs bords et par leur dos, en formant des couples. Elles sont contenues dans les grandes longrines du bas de l'affût, lesquelles étant en tôle et de section carrée, servent de guide aux rondelles et les maintiennent au point qu'elles fonctionnent même lorsqu'elles sont fendues. La dernière calotte sphérique repose sur une plaque boulonnée à la fin de la longrine, et en dévissant cette plaque on sort facilement tout le système pour le visiter. Un écrou serrant le bout de la tige presse convenablement les ressorts qui, au nombre d'une quarantaine dans chaque longrine, n'éprouvent chacun qu'une très petite déformation. Lorsque le recul a fait descendre le canon entre les longrines, il y est retenu par un déclic; on écouvillonne la pièce et on la charge tranquillement, à l'abri derrière la muraille; on peut même préparer son pointage par des repères, et lorsque tout est terminé, le chef de pièce lève le ressort du déclic, et l'énorme canon se lève de lui-même et reprend permit de faire voyager les munitions dans tous les pays et par toutes les saisons sans détérioration grave. C'est également lui, qui fit construire les premiers *caissons*, et qui, le premier, eut l'idée de réunir en un vaste établissement, la série de tous les modèles ayant servi et servant encore à la construction des pièces et qui créa ainsi, le musée d'artillerie de Paris.

Vers 1525, les bouches à feu lançaient des *boulets ramés*, c'est-à-dire une chaîne portant, à chacune de ses extrémités, une masse métallique ; des *boulets conjugués* : deux boulets réunis par une barre de fer; des *boulets encastrés:* boulets entourés selon le sens d'un diamètre par une plaque métallique assez mince. On fit également, vers cette

son poste pour tirer un nouveau coup. Tout cela se passe sans choc, sans ébranlement nuisible, et en tirant des boulets de 300 livres avec 40 livres de poudre. Le pied appuyé contre la longrine pendant plusieurs coups, n'a éprouvé qu'une commotion insignifiante. Cet affût, exécuté par M. Clarapède, n'a pas éprouvé la plus petite avarie, tant l'amiral Labrousse avait tout apprécié avec son tact mécanique habituel. »

Ailleurs, (page 90), il dit encore : « Il fallait voir pendant le siège cette pièce gigantesque s'abaisser au-dessous du rempart comme par enchantement et remonter à volonté au-dessus de la crête de la muraille et lancer sa bordée.... Avec de pareilles pièces on peut charger et pointer à couvert et dérouter sans cesse l'ennemi sur la véritable position de la pièce. Le système Labrousse permettra de se servir du canon comme du fusil, de l'utiliser dans toutes les directions. »

époque, usage de ***boulets rouges***, dont l'idée mère est bien antérieure à cette date, puisque les habitants de Cherbourg en firent usage, dès 1418, contre les Anglais assiégeant leur ville, mais ce ne fut qu'au XVIIe siècle que le tir avec ces projectiles devint régulier. Le colonel Cotty, dans le dictionnaire d'artillerie, encyclopédie Panckouke, prétend que le premier tir à boulets rouges eut lieu à Stralsund, en 1675.

Sous Louis XIV on comptait une pièce de canon par mille hommes de troupe, (1) et les munitions étaient fixées à cent coups par pièce. Frédéric II, introduisit, vers 1770, l'artillerie à cheval dans ses armées. La France ne posséda *l'artillerie légère*, ou à cheval, qu'à partir de 1791.

Toutes les bouches à feu dont nous venons de parler bien succintement, n'avaient pas l'intérieur de leur canon lisse, car le musée de Berlin possède une pièce en fer, millésimée 1661, dont l'âme est creusée par 13 rayures. Mais, ajoutons bien vite qu'à cette époque, et même longtemps après, ces

(1) On lit dans les Mémoires de Sully, que lorsque Henri IV se disposait, en 1600, à attaquer le duc de Savoie, il n'avait que six canons; dix ans plus tard, quand il eut terminé tous ses préparatifs pour exécuter son grand plan contre la maison d'Autriche, il avait trente trois canons, cinq mille chevaux, et trente deux mille hommes d'infanterie. (Hygiène militaire, par Ph. Mutel, Paris, 1843, page 159).

8

rayures qui n'avaient d'autre but que de diminuer l'encrassement de l'âme et le *vent*, étaient droites et ne pouvaient, par conséquent, rectifier et ajuster le tir comme le font les rayures hélicoïdales de nos canons actuels.

L'anglais Benjamin Robyns, né en 1707, fit faire, par ses nombreuses recherches et ses travaux mathématiques, d'énormes progrès à l'artillerie ; il détermina les rapports plus exacts entre la manière de couler les canons, les dimensions à leur donner, les proportions à garder entre le poids de la charge et celui du projectile. C'est en grande partie, à ses découvertes, qu'on doit la théorie si claire et si positive des canons rayés. (1)

Les canons se chargeant par la culasse ne sont pas, non plus, d'invention récente : les Allemands en possédaient dès le XVIe siècle. Mais il appartenait à notre époque, à des esprits éclairés et essentiellement pratiques, d'amener l'artillerie au point où elle est arrivée par la combinaison intelligente et judicieuse, des canons rayés et du chargement par la culasse.

Parmi ces hommes remarquables, nous citerons en France, M. Paixhans, chef de bataillon au corps royal d'artillerie, qui donna à l'artillerie maritime

(1) Ce savant prédit même que, la première nation qui saurait fabriquer et se servir convenablement des canons rayés, l'emporterait momentanément sur ses rivales.

surtout, une grande impulsion. (1) Il publia, en 1821, un ouvrage qui jeta d'éclatantes lumières sur les travaux d'artillerie ; c'est lui qui, le premier, eut l'intuition des bâtiments cuirassés. En Prusse, M. Krupp, qui a trouvé le secret d'un acier le plus élastique et le plus propre à être employé à la fabrication des bouches à feu, revendique aussi une grande partie de la gloire d'avoir pu, à l'époque actuelle, fournir les meilleurs canons. En Angleterre, MM. Withword et Armstrong, ont également fait faire à la fabrication de ces armes, de notables progrès.

C'est ce dernier, qui adopta le premier, à la construction des armes à feu, le système dit *à ruban*, et qui consiste à opérer ainsi qu'il suit :

« Des barres du fer le plus pur, de dix mètres de long, dit M. Turgan, sont d'abord soudées l'une à l'autre, de manière à former une seule tringle de 30 à 35 mètres de long ; cette barre est chauffée au rouge dans un four qui a plus de 40 mètres de longueur et est saisie ensuite par un treuil qui

(1) Le premier bateau à vapeur qui ait été appliqué aux opérations militaires est un paquebot construit sur les chantiers de Calcutta et portait le nom de *Diane*. Il fut acheté environ 190,000 francs par le gouvernement de l'Inde britannique, pendant la guerre contre les Birmans. Cette innovation qui devait faire une fortune si rapide (témoin les combats entre vaisseaux américains pendant la guerre de la Sécession) ne remonte qu'à 1824.

l'enroule rapidement sur un mandrin, de telle sorte que les spires soient juxtaposées; après avoir réchauffé cette spirale, on la martelle sous un fort pilon qui soude entre eux tous les filets, et par un travail sur mandrin, donne à l'ensemble, l'espect d'un manchon informe. Avec plusieurs de ces manchons soudés bout à bout, on fait des tubes que l'on emmanche successivement les uns dans les autres et à chaud, de manière que la portion qui devra être le tonnerre de l'arme, réunisse l'ensemble de tous les tubes, au nombre de cinq à six, plus ou moins épais. »

Enfin, le canon monstre de l'exposition universelle de 1867 qui a servi de modèle à la plus grande partie des autres bouches à feu employées pendant la guerre franco-prussienne 1870—1871, réalise le dernier perfectionnement apporté à l'industrie de la fabrication des canons.

Voici, d'après un ouvrage paru fort peu de temps après l'exposition, quelques détails sur cet énorme engin de destruction :

« Tout en acier, il pèse 50,000 kilog^{s}. Pour lui donner sa forme, il n'a fallu rien moins que toute la puissance du marteau de 50 tonnes (soit 50,000 kilog^{s},) de l'usine Krupp.

» Le canon proprement dit, pesant à lui seul environ 20,000 kilog^{s}, a été forgé d'un lingot d'acier fondu du poids de 42,500 kilog^{s}. La différence de poids provient des forgeage, tournage, et forage de la pièce, ainsi que de la perte de la tête du lingot. Les frettes (espèces de manchons) forment à la chambre une triple, et à la bouche une double couche, pesant ensemble 30,000 kilog^{s}; elles ont été forgées sans soudure de blocs massifs d'acier fondu.

« Le poids du projectile plein, en acier fondu, est de 550 kilog^{s}.

« Le poids de l'obus, en acier fondu, est de 490 kilog^{s}, 500 g^{r} ; ainsi réparti :

« Manchon en plomb (pour prendre les rayures) 100 kilog^{s}.

« Charge du projectile 8 kilog^{s}.

« Poids du projectile proprement dit, 382^{k} 500.

« Charge de poudre du canon, 50 à 55 kilog^{s}.

« Prix du canon seul 393,750 francs; avec affût et chassis 543,750 francs.

Nous dirons, pour terminer cette deuxième conférence, un mot sur les *mitrailleuses*. (1) M. le capitaine Tackels, dit que la première mitrailleuse,

(1) Et que M. Théodore de Banville, chante ainsi dans ses « Nouvelles odes funambulesques : »

« La mitrailleuse, un nom charmant! j'y veux songer,
Elle est d'une bonne syntaxe;
J'aime sa tabatière et son affût léger,
Ses canons tournant sur un axe,

— Jolis petits canons, étroitement unis —
Sa batterie en féronnière,
Et son récipient à cartouches, munis
Chacuns d'un couvercle à charnière!

d'invention belge, fut construite en 1851, par un belge, M. Fafschamps, ex-officier de Napoléon Ier et ingénieur ; il s'adjoignit MM. Fusnot et Montigny, armuriers à Bruxelles, pour examiner les plans et confectionner l'arme, ainsi que M. Montigny, de Fontaine l'Evêque, pour la confection des munitions; M. Gatling, exposa en 1867, la première mitrailleuse sortie des ateliers américains.

Lorsque nous avons écrit cette seconde conférence et qu'arrivé à l'engin nommée *orgue de bombardes* nous disions que cette arme nous semblait être le principe de la mitrailleuse, nous ne croyions pas si bien dire : une voix plus autorisée que la nôtre, celle de M. le capitaine Charrin, corrobore notre assertion, dans un ouvrage sur les armes : « Déjà au XVe siècle, dit-il, on l'employait — la

La chose est dans sa boite, et, pour charmer nos yeux,
Se manœuvre (on me le révèle)
O Barbarie; ainsi que ton orgue joyeux,
En tournant une manivelle;

Grâce à quoi, dragons verts, cuirassiers, fusiliers,
Déchus de leur beauté physique,
Tous par douzaines, par centaines, par miliers;
Seront foudroyés en musique.

Un enfant y suffit; alors, dans un éclair,
Notre chair sous le plomb féroce
Volera par lambeaux ensanglantés, sur l'air :
« Allez vous-en, gens de la noce...... »

Septembre 1868.

mitrailleuse — sous le nom d'*orgue à feu :* chariots portant plusieurs rangées d'armes disposées en gradins qui lançaient jusqu'à 140 balles à la fois. On employait, pour cela, les grosses couleuvrines à main des fantassins. » Un peu plus loin, il dit encore : « Il y a quelque quarante ans, le constructeur anglais Perkins, présenta, dans son pays, un mitrailleur, dont les effets sembleraient bien autrement formidables que les mitrailleuses actuelles, puisqu'il pouvait lancer au moyen de la vapeur, soixante boulets de canon, ou mille balles par minute, au choix de l'amateur. »

Nous lisons dans le « Petit Moniteur de Paris » Août 1870, » ce qui suit : « La marque réglementaire des canons à balles (mitrailleuse) est C. A. B. Ils lancent à des distances énormes, jusqu'à 3,000 mètres, vingt cinq balles d'une grosseur considérable, et cette expérience peut se renouveler cinq fois par minute. Mais ce n'est pas dans la quantité des projectiles lancés, qu'est l'excellence de la mitrailleuse : c'est dans la rareté de tir. (?) Il n'y a point de recul. Le tir une fois réglé est maintenu ; il est d'une précision telle qu'on est obligé de tirer en fauchant, c'est-à-dire avec un mouvement horizontal de droite à gauche.

« A 1,500 mètres, la mitrailleuse est aussi sûre de son coup que le révolver à quatre pas.

« La grande qualité de la mitrailleuse, c'est que la trajectoire est nulle. En se trouvant sous la courbe, dans le centre du tir d'un canon ordinaire, il n'y a pas de danger ; mais avec la mitrailleuse qui envoie ses 125 balles à la minute, en ligne absolument droite, le danger est partout.

« Il n'est pas possible qu'un régiment voulant se déployer à une demie lieue du champ de bataille, puisse résister au feu d'une batterie de mitrailleuses. Il n'est même pas possible que les chefs l'y exposent. Il y a encore un excellent parti à tirer de cette arme, c'est de s'en servir pour faire taire une batterie ennemie, en abattant tous les servants de pièce qui la composent. »

Hélas ! pourquoi faut-il qu'avec des armes pareilles, la France se soit vue si près de sa perte !

3me CONFÉRENCE.

Armes défensives portatives.

Nous avons vu, dans la première de nos conférences, que les premières armes offensives — les haches — étaient, tout d'abord, faites en os, en pierre ou silex. On ne pouvait évidemment pas, employer ces matériaux pour fabriquer des armes réellement défensives portatives ou personnelles. Ces dernières n'ont donc pu se montrer que longtemps même, après ce qu'on est convenu d'appeler — dans l'histoire du monde — « l'âge de la pierre » (1). Ce n'est qu'à partir de « l'âge du bronze, » période de temps pendant laquelle les

(1) C'est-à-dire laps de temps indéterminé, pendant lequel les peuples se sont servi d'outils et armes de quartz, de silex, d'obsidienne (substance minérale légèrement transparente, extrêmement dure et dont certains peuples américains se servaient, il n'y a pas bien longtemps encore, pour confectionner des couteaux et des miroirs), de jadeine (diminutif de jade), de diorite, etc., etc. Voici, en quelques mots l'aspect moral des peuples, à l'âge de la pierre : rencontre de

peuples alors existant se sont servi de ce métal (1) pour fabriquer leurs ustensiles de ménage et sur-

difficultés énormes pour vaincre la matière, mais éprouvant peu de besoins; n'ayant pour vêtements que les peaux d'animaux; pour habitations, des cabanes facilement détruites et demandant, par conséquent, peu de travail; pour nourriture la chair des animaux tués à la chasse dont ils brisaient les os pour en extraire la moëlle (car l'agriculture n'a commencé à être pratiquée que sous l'âge du bronze); montrant une grande avidité de science; possédant beaucoup de temps pour observer, réfléchir, méditer et ne disposant que de la tradition pour communiquer à leurs descendants le résultat de leur expérience.

(1) Les âges de la pierre, du bronze et du fer ne sont pas parfaitement distincts les uns des autres : on remarque encore des armes et des ustensiles en pierre longtemps après le commencement de l'âge de bronze, comme on en remarque en bronze longtemps après le commencement de l'âge du fer; époque que l'on considère comme le point de départ pour l'étude des temps historiques.

Ces trois âges ont eu différentes périodes. Nous avons vu, page 14, que dans l'âge de pierre, elles sont au nombre de trois, déterminées par les résultats des fouilles, et correspondant à des degrés de civilisation différente. L'âge du bronze en a eu également trois : d'abord on le coulait dans les moules; on réusssit ensuite à le marteler en feuilles assez minces pour pouvoir travailler au repoussé à défaut de la soudure qu'on ne connaissait pas, on eut recours à la rivure; enfin, la soudure fut inventée, ce qui permit de supprimer la rivure dans beaucoup de cas.

« Il peut sembler étrange, dit M. Louis Figuier, dans son

tout leur armes que nous voyons apparaître les armes défensives proprement dites. Cependant, dès que les armes offensives furent mieux appréciées, l'homme dût sentir l'utilité, le besoin, la nécessité impérieuse de chercher à se garantir des coups de son ennemi. De là, l'origine des armes défensives.

L'histoire des anciens peuples ne nous indique

ouvrage « L'homme primitif, » p. 251, qu'un alliage comme le bronze (cuivre, étain, zinc et plomb) ait fourni aux hommes la première substance métallique, au détriment du fer, dont les gisements sont très abondants en Europe. Mais il faut remarquer que les minérais de fer s'imposent moins à l'attention que ceux du cuivre et de l'étain. En outre, l'extraction du fer, de ses minérais exige un travail des plus difficiles. En agissant sur les minérais ferrugineux on n'obtient, pour la première opération, qu'une substance très-impure, la fonte, qui n'a presque aucune des qualités des métaux, tant elle est aigre et cassante, et qui ne diffère pas beaucoup d'une pierre, quant aux emplois qu'elle peut recevoir. Pour retirer de cette fonte impure le fer proprement dit, il faut toutes les ressources d'une science métallurgique très-avancée. Au contraire en fondant simplement ensemble, des minérais de cuivre et d'étain avec addition d'un peu de charbon, on obtient du premier coup le bronze, sans qu'il soit nécessaire d'avoir extrait et obtenu préalablement le cuivre et l'étain purs. »

On sait que le bronze est assez mou et qu'il est, par conséquent, peu propre à fabriquer des instruments ayant besoin d'une grande somme de résistance. Cependant on a trouvé, qu'en jetant dans l'eau froide du bronze en lames fortement chauffé on le rend ductile et plus mou et qu'en le faisant ensuite rougir de nouveau et refroidir lentement il acquiert pas, d'une manière exacte, l'époque certaine à laquelle l'usage des armes défensives a commencé, et encore moins, qu'elle était la manière et la matière dont elles étaient faites ; tout ce que nous savons, c'est qu'elles étaient usitées chez les peuples hébraïque, grec et romain.

Nous croyons que notre tâche, en cette partie de l'historique des armes, sera sinon plus facile, du

une grande dureté. C'est le contraire de la trempe d'acier. On a aussi découvert que le martelage du bronze le rend beaucoup plus dur, en le comprimant davantage.

Voici, d'après la pratique, quel serait le meilleur alliage de bronze :

Cuivre rouge. . .	75	pour cent.
Zinc	22	id.
Étain	2	id.
Plomb.	1	id.

Le bronze des célèbres fondeurs de canons et de statues au service de Louis XIV, les frères Keller, de Munich, a été trouvé de :

Cuivre . . .	91,40	pour cent.
Zinc	5,53	id.
Étain. . . .	1,70	id.
Plomb . . .	1,37	id.

Mais il est probable, dit M. Jobard, à qui nous empruntons les derniers détails qu'on vient de lire sur le bronze, que ce dernier alliage, n'est pas entré dans le fourneau, au creuset, dans les mêmes proportions qu'il en est sorti : car le cuivre tend toujours à s'affiner de plus en plus et le feu finit par faire diminuer la quantité des métaux additionnels.

moins plus courte qu'elle n'a été dans nos premières conférences; en tous cas, la nomenclature et l'exposé des différentes parties de ce qui constitua l'armement défensif, ne nous paraissent pas aussi longs que ceux des armes offensives ; car, il nous semble que l'intelligence humaine a trouvé plus de moyens différents de combattre les animaux d'abord, et causer du tort à ses semblables, que de chercher des moyens propres à se défendre de leurs coups. Une fois qu'on eut découvert les moyens de se garantir de ces coups, toute la différence et les progrès apportés à ces moyens défensifs consistèrent à renforcer ceux-ci au fur et à mesure que les coups portés devinrent plus forts et mieux assurés. Ce qui revient à dire que les progrès apportés dans la fabrication et l'usage des armes offensives, se firent également sentir — mais peut être pas aussi directement — dans la fabrication et l'emploi des armes défensives. Il est arrivé que certains combattants furent tellement couverts d'armes défensives qu'ils ne pouvaient, pour ainsi dire, pas se remuer. Ainsi, en 1621, Cadenet, frère du duc de Luynes, et créé duc de Chaulnes, s'arma de pièces tellement lourdes, qu'on disait qu'il lui avait fallu des potences pour marcher.

On trouve dans Sanchoniaton, historien de Phénicie, que chez les peuples habitant cette contrée, Suissons, qui eut des différents ou des guerres avec son frère Upsonranius, fut le premier qui se couvrit de peaux d'animaux qu'il prenait à la chasse, probablement comme d'arme défensive et il n'y aurait rien d'étonnant à croire que ceux qui combattaient avec lui et pour lui en eussent fait autant.

Depuis cette époque, et il y a certes, bien longtemps, beaucoup d'hommes, guerriers ou autres, se sont également couverts des dépouilles des animaux qu'ils avaient tués. Alexandre-le-Grand, lors de la conquête de l'Inde, trouva un pays dont les habitants étaient couverts de la peau de grands poissons. Hercule, était revêtu de la peau d'un lion de Némée, qu'il avait tué.

Les monuments les plus anciens sur lesquels on se base pour la description des armes — romaines surtout — sont : d'abord, la colonne Trajane à Rome, laquelle est couverte de sculptures et de bas-reliefs représentant des soldats romains de l'époque à laquelle elle fut érigée (commencement du IIe siècle de l'ère vulgaire); ensuite, les fouilles et déblaiements opérés à Pompéi, Herculanum et Strabies, à la fin du siècle dernier et au commencement de celui-ci, ont fait découvrir des monuments qui donnent raison aux écrivains ayant traité la question qui nous occupe, d'après les documents qu'ils avaient pu avoir à leur disposition.

De toutes les parties du corps, la tête et la poitrine ou buste sont les plus indispensables à l'homme, car elles renferment la plus grande somme d'organes essentiellement vitaux ; elles sont aussi celles où les blessures sont les plus facilement dangereuses ou même mortelles; aussi les armes défensives que nous montrent les plus anciens documents, sont le *casque* et le *bouclier*, et cela se comprend sans peine. La première manière dont frappe un enfant (1) est évidemment en levant la main pour la laisser retomber. Donc, la plus simple défense contre des coups semblables est de couvrir la partie menacée, qui est la tête dans les combats réels et lorsque la main ennemie est armée d'un poids quelconque. Voilà donc l'origine du casque justifiée et son emploi expliqué.

Regardons l'enfant plus âgé, plus fort et voyons sa main armée d'un caillou qu'il s'apprête à lancer, quel sera le premier mouvement de son adversaire? C'est, évidemment, de ployer le bras pour se garantir la face ou la recherche d'un obstacle derrière lequel il se retranchera. Mais le bras seul ne peut pas garantir la figure et toute la poitrine en même temps, ni remplacer l'obstacle dont nous venons de parler; l'homme primitif ainsi attaqué, a donc dû chercher à se construire une espèce de rempart portatif pour détruire, ou tout au moins, atténuer la force du coup occasionné par le projectile lancé, et le bouclier fut créé. L'habitude de se servir du

L'enfance de l'homme ressemble tellement, — à notre avis — à l'enfance de l'humanité; qu'on doit, dans certains cas, avoir recours à la première pour étudier analogiquement la seconde.

bras et de la main droite pour travailler, plutôt que des mêmes membres gauches, oblige le guerrier à tenir son bouclier avec la main gauche, tandis que sa main droite armée va le venger et le force à refuser tout le côté droit pour prendre une espèce d'élan, en n'exposant aux coups de son ennemi que la plus mince partie de son corps.

Une remarque à faire aussi, c'est que les perfectionnements apportés aux armes offensives déterminèrent également — nous l'avons vu plus haut — des modifications dans les armes défensives; ces dernières ont progressé comme les premières jusqu'au moment où on ne les a plus employé. Ainsi la cuirasse n'est plus portée que dans les corps dits « de grosse cavalerie » depuis bien longtemps; et nous n'appelons plus *armes défensives* — quoique en réalité, on pourrait employer cette expression — l'équipement et le harnachement des troupes actuelles. Il n'y a guère que la coiffure qui puisse, au besoin, amortir la force et le danger d'un coup de sabre, et encore, cette partie de l'habillement tend tous les jours à diminuer de poids et de forme, ce qui, nous semble-t-il, vu les nouvelles manières de combattre, n'est pas un grand mal.

Tant que les armes offensives ne furent faites qu'en bois ou en pierre et qu'on ne se servit que d'armes contondantes, les armes défensives n'eurent pas besoin de posséder une force de résistance, à beaucoup près aussi grande que lorsque les armes en usage purent transpercer les obstacles ; et nous voyons que ce qu'on est convenu d'appeler « *casque* » était, dans le principe, tout bonnement la peau de la tête d'un animal quelconque, ordinairement celle d'un chien, généralement garnie de tous ses poils ; et enfin de donner aux combattants ainsi coiffés, un air plus terrible, on plaçait au sommet de cette coiffure les dents de l'animal, voire même tous les os de la gueule, de sorte que l'adversaire contre lequel un guerrier avait affaire, ressemblait, ou pour mieux dire, voulait plutôt ressembler à un monstre qu'à un homme ordinaire. Ce casque couvrait toute la tête et avait, sur le devant, une fente pour permettre la respiration et pour pouvoir rejeter le casque en arrière et découvrir toute la face.

Cette coiffure servait chez les Grecs, qui lui avaient donné le nom de *périkefalaia*, aux troupes pesamment armées — Hoplites — et était surmontée, la plupart du temps, d'une crinière de cheval en guise de panache.

Le *krauoz*, était un autre casque qui ne protégeait que le derrière de la tête, mais était garni de bandes de peau — plus tard de plaques en métal — pour garantir les joues et les oreilles ; ces bandes s'agraffaient sous le menton, d'où sont venues, sans doute, les jugulaires de nos anciens casques et shakos ; ce kraüoz portait, comme décor et ornement, une plume de coq et était destiné aux troupes légères.

La grosse cavalerie était coiffée d'une troisième espèce de casque, nommé *koruz*, dont le devant était muni d'un accessoire nommé *geisou, auvent*, et était orné avec plus d'élégance que les autre coiffures de guerre ; tel, aujourd'hui, le *schapska* des lanciers, à notre avis, la plus élégante des coiffures militaires modernes.

D'autres peuples, plus anciens que les Grecs, coiffaient leurs soldats d'un casque tout autre que l'un de ceux dont nous venons de parler : ainsi les soldats perses, les Mèdes et les Hyrcaniens, avaient, dit Hérodote, des bonnets en feutre bien foulé, qu'on appelait *tiares*; les Saces (peuple Scythe) portaient aussi des bonnets foulés et terminés en pointe; les Ethiopiens orientaux avaient sur la tête, la peau du front d'un cheval enlevée avec la crinière et les oreilles ; celles-ci se tenaient droites et la crinière servait d'aigrette. Le même auteur parle de *casques en bois* portés par les habitants de la Colchide et les Mosches ; cependant, nous avons peine à comprendre comment ces peuples, relativement si peu avancés en industrie, aient pu se fabriquer des casques en bois, à moins que ce nom n'ait été donné à des espèces de panier tressés en osier ou toute autre plante, portés sur la tête pour la garantir, comme on en voit — dans certaines localités — sur la tête des enfants qui vont — dans les tirs à l'arc à la perche — ramasser les flèches.

Les plus anciennes troupes romaines furent encore coiffées du casque en peau, ou mieux en cuir, mais alors, celui-ci n'avait plus cette forme primordiale, ni cette tendance à provoquer l'effroi que nous avons constatées plus haut.

D'autres peuples portaient une coiffure faite de plusieurs doubles d'étoffe et propre à leur genre d'industrie. (C'est cette dernière coiffure qui doit, nous semble-t-il, avoir donné naissance au *turban* encore porté par plusieurs peuples d'Asie et d'Afrique, et qui se compose — on le sait — d'une grande pièce d'étoffe, soie, laine ou coton, entourant plusieurs fois la tête). Les Romains appelaient leur casque *galea;* le panache qui le surmontait *crista.*

Les premiers *casques métalliques*, nous sont montrés comme ayant été portés par les Assyriens, mais on ignore le nom du métal employé. Ils ont la forme d'une calotte surmontée d'une sorte de corne recourbée en avant et qui nous paraît destinée à faire dévier à droite ou à gauche de la tête, les coups qui auraient pu tomber perpendiculairement sur celui qui en était porteur. Ce casque ou calotte portait aussi des appendices pour garantir les oreilles et les joues. Sa forme n'offre rien d'attrayant à la vue.

Depuis lors, les guerriers de tous les peuples portèrent le casque en métal, fabriqué différemment selon le degré d'avancement du peuple lui-même dans l'industrie et dans l'art de l'arquebuserie ; le métal employé était aussi, loin d'être toujours le même. Les Romains avaient le casque en cuivre, mais lorsque leurs armées furent corrompues par les richesses et les honneurs, ils abandonnèrent leurs armes puissamment lourdes et jetant de côté le casque en métal, ils adoptèrent la *tiare*, probablement considérée comme moins fatiguante par ces descendants des vainqueurs de presque tout le monde connu. Ces rudes guerriers portaient, au commencement de leur existence politique, le casque entièrement en métal — en cuivre d'abord, puis en fer poli après, afin que les coups glissassent plus facilement. Sous l'empereur Julien, vers le IVe siècle, quelques uns, plus délicats sans doute, portaient un bonnet de laine sous le casque, afin que celui-ci ne leur blessât pas la tête.

Nous croyons que le casque entièrement métallique ne fut pas mis en usage tout d'un coup, et qu'au contraire, la coiffure défensive des troupes fut d'abord garnie de plaques ou bandes en métal, avant d'être complètement en fer ou en cuivre.

Les Gaulois et les Germains combattaient ayant la tête nue et sans autre arme défensive que leur bouclier, qu'ils levaient en l'air pour se garantir des flèches ennemies. Il est bon de dire aussi, que leur longue et forte chevelure amortissait un peu, les coups portant sur la tête. Après la conquête de la

Gaule, les chefs seuls, adoptèrent les premiers, le casque romain : cependant on n'en trouve aucun dans les tombes mérovingiennes, dont la dynastie s'éteignit vers l'an 750 de notre ère. Peu de temps après, toute l'armée franque en fut pourvue. Charlemagne prescrivit à ses leudes ou comtes, d'en fournir aux soldats qu'ils conduisaient au combat.

Le casque adopté par les Francs, les Anglais et les Saxons après l'invasion romaine, ne ressemble pas — à beaucoup près — au modèle de celui dont se servaient leurs conquérants. Au lieu d'être arrondi, d'emboiter parfaitement la tête, ou d'être légèrement aigu au sommet et évasé dans sa longueur, vers la base, le casque adopté et qu'on appelle *casque normand*, est uniformément conique et se termine en pointe. Il n'a pas de *jugulaires* pour les maintenir sur la tête, mais il se fait remarquer par une lame mince et allongée, destinée à protéger le nez, et qui, nommée *nazal*, donna, plus tard, naissance à la visière. Quelquefois, le casque normand portait, par derrière, une autre lame dont l'usage répond, pour le cou ou la nuque, à celui du nazal. Vers le XIIIe siècle on vit apparaître le *capuchon de mailles*, nommé *capeline*, *camail* ou *ventail*, qui laissait à volonté la tête découverte en se rabattant sur les épaules et qui remplaçait le casque ou le doublait au besoin en se plaçant dessous. Le camail se rattachait à la cotte de mailles (dont nous parlerons plus tard) au moyen du *gorgerin*.

Comme presque toutes les armes, mais, cependant, moins que la plupart d'entre elles, les casques furent décorés et cela, de différentes manières : quelques grands dignitaires, surtout les souverains, les princes, le portèrent tout-à-fait en or; les vicomtes, les barons et les chevaliers le portaient en argent avec des bords ou lisières en or. Actuellement, la grosse cavalerie le porte en cuir bouilli, garni ou revêtu de feuilles de cuivre jaune. Le casque prussien est tout-à-fait en cuir bouilli, avec des ornements en cuivre.

Le casque reçut différents noms, selon l'espèce de troupe à laquelle il était destiné et aussi selon la forme qu'on lui donna. C'est surtout à l'époque où la chevalerie était en grand honneur en France qu'on le nomma de tant de différentes manières Voici quelques-unes des plus usitées :

Avant l'application de la poudre à canon à la guerre, le casque était très lourd et devait être assez fort pour résister aux coups de la hache et de la masse d'armes ; il portait une *visière*, composée de petites grilles qui se baissaient et se relevaient à volonté; il y avait également une plaque en fer ou collier de mailles destinée à couvrir la face et la gorge et nommée *gorgerin ;* ce casque était assez profond et à peu près de forme conique. Il était ornée du *cimier* représentant des cornes, des ailes, un oiseau, un bouquet de plumes, un serpent, une couronne, etc., et l'idée de ce cimier fut prise, sans doute, à la crinière ou aux oreilles de l'animal, dont la peau enlevée de la tête, servait, nous l'avons vu, de première coiffure défensive. Le casque dont nous nous occupons actuellement, était le plus complet, le plus estimé de tous ceux employés à cette époque, et était surtout réservé aux chevaliers. On le nommait ***heaume***, et il resta en usage jusqu'au XVIe siècle. On le portait — comme le casque normand — sur le chaperon de mailles, ou bien restait entre les mains de l'écuyer; il était aussi, quelquefois, suspendu à l'arçon de la selle ou à la ceinture du chevalier, par une chaînette.

Les chevaliers possédaient des coiffures de rechange dont ils se servaient fréquemment lorsqu'ils n'allaient pas directement au combat: l'une d'elles était la ***salade*** (de l'italien *celata*, qui signifie *elmo*, casque, armet): heaume sans crête, sans cimier, peu orné et habituellement sans division à la visière. Cette salade était la coiffure habituelle des cavaliers de Louis XI, appelés ***stradiots*** ou ***estradiots*** — cavaliers illyriens ou dalmates armés de la zagaie ou du javelot ferré aux deux extrémités — et, plus tard, des francs archers de Charles VII.

L'*armet* (petit heaume), est un casque en fer, semblable — pour la forme — au précédent, mais plus léger, sans visière, ni gorgerin; il fut en usage pendant les XIVe, XVe et XVIe siècle. L'infanterie et la cavalerie légère en étaient pourvues. Les chevaliers le portaient aussi après le combat, au lieu du heaume, qu'ils reprenaient au besoin. Plus tard, on l'ornementa d'une *avance*, c'est-à-dire, une crête destinée à protéger les yeux, et ainsi modifié, on s'en servit sous les règnes de François Ier et de Henri II.

Bacinet, casque encore plus léger que le précédent, s'attachant sous le menton au moyen d'une boucle et qui servait à l'infanterie. On le portait quelquefois en voyage, ou dans des actions peu importantes. On le désignait aussi sous le nom de *chapel de fer*. Ces deux dernières coiffures militaires — armet et bacinet — étaient souvent prises l'une pour l'autre.

La *bourguignotte* est encore un casque servant aux piétons et surtout aux piquiers et qui, d'abord, avait été appelé *cabasset*, ensuite *pot en tête*. On suppose que ce nom de « bourguignotte » fut donné au heaume, lorsque les bourguignons modifièrent ce dernier en le perfectionnant de manière qu'il s'adaptait mieux à la tête, qu'ils en ôtèrent le mésail, c'est-à-dire toute la visière, et qu'ils y ajoutèrent des *oreillères*. Cette transformation se fit vers le XVe siècle.

La *capeline*, autre casque, servant aux soldats à pied.

Le *morion*, est également un casque adopté pour l'infanterie. Il est aplati sur les côtés et terminé, à sa base, par un rebord qui s'élève en pointe par devant et par derrière. Les chevaliers s'en servaient aussi, mais seulement quand ils n'étaient point entièrement armés. Les duellistes et ceux qui combattaient à outrance, adoptèrent aussi le morion, qui fut, vers le XVIe siècle, employé principalement par les arquebusiers.

Une ordonnance du 28 Mai 1733 et un réglement du 1er Juin 1750, confirment l'idée que nous émettion plus haut que, le casque complètement en métal n'avait pas été mis tout d'un coup en usage et qu'il n'avait d'abord dû être qu'un assemblage de bandes ou plaques en métal. Ces instructions prérappelées prescrivent, en effet, que cette coiffure défensive qu'on appelait *calotte*, composée d'un cercle entourant la tête et auquel se rapportent deux portions de cercle se croisant au sommet, qui jusque là pouvait être en mèche, en cuir ou en feutre, devait dorénavant, être confectionnée en fer.

Il faut, pour comprendre ce dernier §, se rappeler qu'à l'époque dont il s'agit, l'armée française était composée en grande partie de mousquetaires, lesquels portaient le chapeau à trois cornes. Cette calotte, destinée à garantir la tête des coups de sabre, était également en usage dans la cavalerie, et se portait sur la forme du chapeau.

Voici la description d'une autre calotte, de forme différente : « Elle est de la forme du chapeau et découpée à jour. Le dessus représente un triangle d'où partent trois branches qui tombent sur la forme du chapeau : elles s'emboitent entre les trois cornes, jusqu'à environ un pouce de la place du cordon. Chaque branche a un petit bouton de fer, placé à un demi pouce du bout et formé en talus, » probablement pour que le coup, amorti, glissant jusque là, ne puisse arriver sur l'épaule du militaire ainsi coiffé.

« On assure la calotte sur le chapeau au moyen de trois petits tirants en cuir à boutonnières ; on coud ces tirants sur le bas de la forme, à environ une ligne au-dessus de la place du cordon entre chaque corne ; on boutonne les tirants aux petits boutons, de manière que les bords des branches n'appuient pas sur la couture qui attache les tirants, et afin que la calotte soit plus ferme sur le chapeau. »

Cette calotte garantissait bien le dessus de la tête, mais les tempes étaient exposées. En tous cas, elle était beaucoup plus légère que le casque et en remplissait l'emploi, tant qu'on ne voulut pas donner celui-ci à la cavalerie.

Il nous a été impossible de découvrir l'époque précise de la suppression radicale du casque dans les armées, mais il est permis de supposer que l'extention donnée à la mise en usage des armes à feu portatives, y fut pour une grande part. En tous cas, il constitua la coiffure militaire par excellence jusqu'au XVIIe siècle, époque à laquelle il fut abandonné comme les autres parties de l'armure et remplacé par le chapeau en feutre. En 1757, il fut, à l'instigation du maréchal de Saxe, rendu à toute l'infanterie, mais une ordonnance du 31 Mai 1776, le supprima. Il reparut, dans l'infanterie française, vers 1790, et abandonné lors de la création des brigades. Il n'y eut plus, alors, que certains corps de troupe, tels que les régiments de grosse cavalerie qui, par leur manière de combattre et de manœuvrer, étaient plus exposés à l'arme blanche que d'autres, qui conservèrent le casque; les troupes du génie devant travailler dans les mines, les tranchées, sont aussi — dans ce cas — munies du casque. D'autres raisons, telle qu'une sorte de projection accordée à certaines industries (1) portèrent, peut-être, les gouvernements à donner à leurs troupes, une coiffure plus en rapport avec leur manière d'être.

Nous savons que les casques actuellement en usage ne ressemblent guère à ceux dont nous avons donné les différents noms. La seule analogie que nous trouvons entre les accessoires ornementaux de certaines casques actuels — surtout ceux de la cavalerie — et ceux de l'ancienne coiffure défen-

(1) C'est ainsi qu'il paraîtrait que la France a adopté la nuance garance pour les pantalons d'une grande partie de son infanterie, parce que la culture de la plante de ce nom, est presque l'unique ressource des habitants d'une partie du département de Vaucluse; pays pauvre et peu propre à tout autre production. Les départements du Haut et Bas-Rhin en produisent également beaucoup.

sive, est la *chenille*, que certains casques portent à leur sommet et descendant vers la nuque.

Nous avons essayé de montrer que le ***bouclier*** (du latin *bacula*, boucle), est, après le casque, la plus ancienne des armes défensives personnelles, et qu'il en doit être ainsi. Comme nous l'avons dit aussi, le bouclier servit à garantir son propriétaire des armes d'hast et des armes de jet; il était également utilisé par les guerriers qui se servaient de ces dernières armes offensives. Généralement, le bouclier du cavalier n'était pas aussi grand que celui du fantassin.

C'est une des armes sur lesquelles l'art du décorateur a pris ses plus franches coudées, et, au dire des anciens historiens, le talent des artistes de leur époque ne le cédait en rien à celui des nôtres. (1)

(1) Voici la description que, dans Eschyle, un espion donne des boucliers des sept chefs qui assiégeaient Thèbes : « Tydée secoue, en criant, trois aigrettes épaisses, crinière de son casque et les sonnettes d'airain qui pendent à son bouclier sèment l'épouvante. Sur le bouclier, il porte un fastueux emblème : c'est l'image du ciel avec ses astres resplendissants ; au milieu, brille la pleine lune, la reine des astres, l'œil de la nuit..... L'emblème de Capanée est un homme nu, la main armée d'un flambeau allumé; cette figure dit en lettres d'or : *Je brûlerai la ville*..... Le bouclier d'Etéoclus est orné d'un emblème audacieux : c'est un soldat qui monte les degrés d'une échelle; il attaque une tour ennemie, il veut la prendre d'assaut; de sa bouche sortent les mots : *Mars lui-même*

D'après ce que nous pouvons remarquer sur les très vieilles gravures, il n'y aurait que les hommes du premier rang des corps de troupe — ceux armés de la sarisse — qui auraient porté le bouclier. Ceux du second et des rangs suivants étaient armés de l'arc et des flèches, et nous avons vu que les frondeurs occupaient le dernier rang.

ne me renverserait pas..... A voir tourner comme un roue entre les mains du gigantesque Hippomédon, l'aire immense, l'orbe de son bouclier, j'ai frissonné. Ce n'était pas un ouvrier vulgaire, celui qui grava ce bouclier. On y voit un Typhon ; une fumée noire, cette sœur agile du feu, sort de sa bouche enflammée. Des serpents enlacés courrent incrustés sur le bord saillant qui embrasse le cercle brillant du bouclier.... Sur son bouclier d'airain, sur le champ circulaire qui protège son corps, il porte, fixée par les clous, l'image de cet être qui fut l'opprobre de notre ville, le Sphinx dévorant ; relevé en bosse, le monstre brille à la lumière, sous lui on voit abattu un des Cadmiens.... Le divin Amphiaraüs porte à son bras un bouclier d'airain, ouvrage d'une main habile ; mais nul emblème n'apparaît dans le cercle. Il veut, non point paraître brave, mais l'être.... Le bouclier de Polynice, d'un beau travail, sort à peine des mains de l'artisan ; sur le bouclier apparaissent deux figures : un guerrier couvert d'une armure d'or, une femme qui s'avance d'un pas majestueux et qui conduit le guerrier par la main. *Je suis la Justice*, disent les lettres de l'inscription, je ramènerai cet homme, je lui rendrai la patrie et l'héritage de ses pères. (Eschyle *« Les sept devant Thèbes »*, traduct. de M. A. Perron, 1841, in-18, p. 59 et suivant cité dans « Les curiosités militaires », par L. Lalanne, Paris 1855, page 3 et suivant).

Les boucliers qu'on nous indique comme étant les plus anciens sont ronds, et composés de cercles concentriques, mais on n'est pas d'accord sur la matière dont ils étaient formés. Il n'y aurait rien d'étonnant, dit M. P. Lacombe, à ce qu'on en ait fabriqué d'un *petit massif de maçonnerie*, maintenu par un cercle en fer ou même en bois. D'ordinaire ce bouclier rond était convexe, souvent avec une pointe au milieu qui servait d'arme offensive à un moment donné. L'intérieur, concave, était muni de boucles et de poignées pour pouvoir l'assujettir au bras gauche. Primitivement, on se servit du bouclier, en le faisant mouvoir au moyen d'un baudrier en cuir, par lequel on le suspendait autour du cou et sur l'épaule.

Beaucoup d'écrivains, pour ne pas dire tous ceux qui ont traité la question des vêtements militaires ou des armes, parlent souvent du tournoiement du bouclier par leurs propriétaires, mais nous n'avons pu découvrir nulle part la raison de ce mouvement rotatoire, à moins qu'on n'ait employé un mouvement rapide de translation de gauche à droite et vice-versa, en avant du corps.

Nous savons, néanmoins, que d'habitude, le bouclier était formé d'une sorte de châssis en bois, recouvert de la peau ou du cuir durci d'un animal quelconque; les bords, assez larges, furent plus tard garnis de métal, ainsi que le centre, formé en bosse d'une plaque d'un métal précieux, ornée de figures symboliques et entourée d'une bordure élégante. Cette décoration fut, dit Hérodote, introduite par les Cariens, et communiquée ensuite aux Grecs et aux Romains. Le bouclier primitif en métal, qui couvrait tout le corps, devait être très lourd, fatiguant, et gênait beaucoup les mouvements. Aussi, les Grecs, pour en diminuer le poids, le rendirent ovale, diminuèrent ses dimensions, et encore était-il très pesant. Les dimensions les plus restreintes ne le rendirent propre qu'à garantir le buste seulement.

Le bouclier des Grecs eut différentes formes; quelques-uns ressemblaient à la feuille du lierre, d'autres affectaient la forme d'un violon.

Les Romains adoptèrent deux sortes de boucliers : d'abord, le *scutum*, qui défendait les *Hastaires* — ou soldats du premier rang; — ensuite le *clypeus*, que portaient les *triarii*, ou guerriers du troisième rang. Ce dernier bouclier était rond, se portait au bras gauche et était moins lourd que le premier, aussi fut-il abandonné pour celui-ci, qui avait la forme d'une tuile de quatre pieds de longueur, sur deux de large, et s'adaptait beaucoup mieux au corps; il était formé de deux planches en bois recouvertes d'une peau de bœuf ou de mouton et, à ses deux extrémités, garni de fer pour recevoir les coups de taille et pour l'empêcher de pourrir l'orsqu'on l'exposait à l'humidité en le mettant par terre. Chaque *cohorte* — corps de troupe de cinq à six cents hommes — avait ses boucliers peints de couleur différente, et sur celui de chaque soldat, se trouvaient son nom, le numéro de sa cohorte et celui de sa centurie. Le même peuple fit encore usage d'une troisième espèce de bouclier : le *parme*, rond, solide et de trois pieds de diamètre.

Ce sont encore les Romains, qui mirent en honneur l'usage des *boucliers votifs* ; sorte de trophées exposés dans les temples pour honorer les actions glorieuses. C'était, d'habitude, un bouclier pris à un chef ennemi, et sur lequel bouclier on faisait graver l'action honorée; quelquefois aussi, un disque en métal précieux, semblablement décoré.

Nous avons vu précédemment, et tous les auteurs sont unanimes sur ce point, que les Gaulois et les Francs, n'avaient d'autre arme défensive que leur bouclier proportionné à la taille de l'homme et tel, cependant, qu'au dire de Grégoire de Tours, les soldats de Sigebert traversèrent le Rhône au moyen de leurs boucliers après leur défaite devant Arles. (Fait qui nous semble assez difficile à admettre, à moins toutefois, ce qui est fort possible, qu'ils n'en aient réunis plusieurs pour en former des espèces de radeaux) (1). Le bouclier dont les Francs se ser-

(1) Scipion Dupleix dans les « Mémoires sur la Gaule, Paris 1640, page 142 » dit que des soldats gaulois de Brennus, guerroyant en Grèce, 284 ans avant J. C. se servirent de leur bouclier pour traverser la Sperchie, rivière qui coule aux Thermopyles, dans la Thessalie.

vaient d'habitude, était ovale ou rond, en bois recouvert de peau, de cuir bouilli, le plus souvent de lames en fer, et portant au centre, une forte saillie en fer, nommée *umbo* ou *umbilic*, formant, à l'intérieur du bouclier, un creux. Sur ce creux, se trouvaient deux lames ou barres de fer, destinées à consolider le bouclier et à saisir celui-ci avec la main. Cet umbo, détaché du bouclier, avait beaucoup de ressemblance avec le casque et fut souvent pris — insciemment — pour ce dernier.

La forme ovale ou ronde ne fut pas, non plus, exclusivement employée pour les boucliers francs : quelques uns ressemblaient au clypeus des Romains et étaient terminés en pointe, de manière à pouvoir être fichés en terre, sur le bord d'un fossé, pour garantir les tirailleurs contre les traits lancés par les défenseurs d'une ville assiégée. Il y avait des soldats, nommés *paveschiers* ou *pavescheurs* (du verbe *se pavescher*, se couvrir de son pavois) uniquement employés à porter, devant les chevaliers, ces boucliers, tellement ils étaient grands et lourds.

Les Hussites, dans les guerres sanglantes qu'ils eurent à soutenir contre l'Empire, de 1419 à 1422, étaient armés de boucliers en bois de la hauteur d'un homme. Dans leurs campements, ils les plantaient en terre avec des crocs et se retranchaient derrière. (Magasin pittoresque, année 1843, p. 384).

Vers le Xe siècle, le bouclier s'allongea en

pointe vers le bas et devint plus large et arrondi vers le haut. Vers le XIIe siècle, il prit le nom d'*escu* (scutum); on le portait suspendu au cou par une courroie nommée *guige*, ou par des poignées intérieures dites *énarmes*, et, en temps de repos, on le suspendait à la ceinture. C'est aussi vers cette dernière époque, que les *armoiries* ou divers emblêmes ont commencé à apparaître sur les boucliers ou écus. (1) Cet écu affectait presque la forme triangulaire.

Cette arme défensive, porta, comme le casque, bien des noms différents. Pharamond, fut inauguré et proclamé premier roi des Francs, en 418, sur un *pavois, pavas* ou *palevas*, bouclier d'archer. Le *panier*, était un bouclier très creux, fait d'un bois très léger, recouvert de métal ou de cuir; dans ce dernier cas, on l'appelait *panne*. La *rondache* ou *rondelle*, était un bouclier rond, creux, et tenant

(1) Dans les premiers temps de la chevalerie qui, paraît-il, a pris naissance vers le XIe siècle; ceux qui commençaient le métier de la guerre, ne portaient que de petits boucliers blancs, sans aucun ornement, jusqu'à ce qu'ils se fussent signalés par quelque belle action. Alors il leur était permis d'en porter de plus grands et de les orner des marques de leurs glorieux exploits. C'est de là qu'est venu l'usage des armoiries, qu'on appelle aussi écus ou écussons. *Enchanteler écu, porter l'écu en chantel*, se disait quand on combattait en le laissant suspendu au col par la guige, afin de conserver libre l'usage de la main de la bride.

au bras par des courroies ; il était fait en métal ou en bois recouvert de peau, formé de nattes ou de nerfs tressés; les chevaliers l'employaient beaucoup après l'avoir ornementé quelquefois à l'excès. Ils le portaient aussi *la rondelle à poing*, qui ne servait qu'à garantir la main des coups de dague ou de rapière, et qu'on employait surtout dans les combats singuliers. La *targe*, qu'on voit réapparaître au XVIe siècle, était le bouclier servant à l'infanterie gauloise, donc bien plus ancienne que cette époque ne pourrait le faire supposer. Il y eut des targes de formes et de dimensions différentes qui servaient à l'homme de guerre, soit à cheval, soit à pied. Les petites se portaient à cheval, au côté gauche, ou étaient suspendues au col par la guige.

On est d'accord pour fixer, vers 1621, le dernier usage du bouclier. Louis XIII voulait en rétablir l'usage; le prince Maurice de Saxe, mort en 1750, prétendait que s'il avait été le maître, il aurait voulu en faire autant : tellement, à cette époque, on avait encore des idées fausses sur l'effet des armes à feu. Beaucoup de peuples de l'Asie, de l'Afrique, et des îles océanniennes, surtout ceux qui ne sont pas familiarisés avec l'usage des armes à feu, s'en servent encore.

L'usage de la *cuirasse* (du provençal *cuirassa*, cuir, par ce que les premières furent faites en cuir) quoique très ancien, est, cependant, postérieur au casque et au bouclier. Nous voyons que les premières armes défensives de cette espèce, et dont les Grecs se servirent, étaient tout simplement la peau des bêtes qu'ils avaient tuées, et plus tard, ils donnèrent à leurs troupes pesantes, une cuirasse, une *gorgerette* et une *ceinture* à laquelle était attachée une sorte de jupe, appelée *zôma* d'où *zône*.

Les Assyriens, peuple plus ancien que les Grecs, n'avaient pas de cuirasse. Leurs guerriers étaient simplement vêtus d'une longue *tunique* en étoffe très épaisse, très massive et à poils longs, peut être en peau de chèvre. Quelques uns d'entre eux furent vêtus d'une espèce de *justaucorps* qui semble avoir été fait avec des cordelettes en lin tressées et nattées ou formé de plusieurs doubles d'étoffe repliés sur eux mêmes. (1) Quelques troupes grecques ont aussi porté une cuirasse ainsi formée et elle fut également introduite dans les armées romaines. Ce dernier vêtement peut être regardé comme leur cuirasse.

Lorsque les métaux furent mieux connus on en adopta plusieurs pour former la cuirasse. L'airain

(1) La cuirasse du rajah Tippoo-Saheb, qui se voit au Musée de la Compagnie des Indes à Londres, se compose d'une étoffe repliée environ quarante fois sur elle-même.

ou bronze, le fer et même des métaux précieux furent employés à cet usage. La cuirasse fut, tantôt une étoffe, tantôt une peau d'animal toujours couverte de plaques en métal, façonnées de plusieurs manières : en languettes, en anneaux, en forme d'écailles de poisson. Pendant la guerre de Troie, on se servait déjà — mais comme de quelque chose de nouveau, d'extraordinaire — d'une *cuirasse d'airain* composée de deux parties couvrant la poitrine, le ventre, le dos et les épaules et se joignant ensemble par des agrafes ; on combattait avec cette cuirasse et le bouclier ; quelques guerriers dédaignaient de se servir de ce dernier.

Au siège de Rhodes par Démétrius Polyorcète (environ 260 ans avant J. C.) on fabriquait déjà des cuirasses tellement favorables au guerrier qui en était couvert qu'elles résistaient aux épreuves les plus sérieuses. Alexandre le Grand avait fait distribuer à ses soldats, des *demi-cuirasses* qui ne garantissaient point le dos, afin d'empêcher la fuite. Les moindres soldats, au commencement de la puissance romaine portaient sur la poitrine une lame d'airain de douze doigts de chaque côté nommée *pectoral*. Les riches seuls pouvaient porter la cuirasse qu'ils devaient payer eux-mêmes et qui se nommait *lorica*, plus tard *thorax*. Au temps d'Aristophane — Ve siècle avant J. C. — une cuirasse athénienne coûtait environ 870 francs, un casque 87. Les cavaliers romains étaient quelquefois revêtus du *squammata* ou vêtement en toile ou en peau, sur lequel étaient cousues des écailles de fer ; ou bien de la *hammata*, cuirasse dans laquelle les écailles sont remplacées par des chaînettes en métal.

Les Sarmates se fabriquèrent des cuirasses avec des cornes de bœuf ou des sabots de pied de cheval qu'ils coupaient en écailles et qu'ils assemblaient au moyen de nerfs. On se servait aussi, en guise de cuirasse, d'une étoffe en laine foulée avec du vinaigre et du sel formant une espèce de feutre et résistant au fer. Il parait même, qu'en 1779, on a fait en France, l'essai d'une cuirasse semblable qui aurait assez bien supporté l'épreuve et qui avait le grand avantage de peser beaucoup moins. Des recherches ont été faites en Grèce vers 1835 ou 1840, sur un feutre semblable et leur résultat avait été assez bien accueilli par le gouvernement napolitain, mais nous ignorons le motif pour lequel on ne les a pas continuées.

La cuirasse était souvent enrichie de figures bizarres, de têtes d'animaux ciselées, etc.; elle était très pesante, car, on n'avait pas trouvé d'autre moyen pour la rendre le plus invulnérable possible, que de la fabriquer très épaisse, et on la matelassait presque toujours afin qu'elle put mieux résister aux coups et qu'on en sentit moins les infractuosités et les rugosités.

Nous avons déjà dit, et c'est un fait acquis à l'histoire, que les Gaulois et les Francs n'employèrent les armes défensives que longtemps après leur résistance aux Romains. « Nos pères étaient des raffinés en fait de bravoure, » dit P. Lacombe, dans l'encyclopédie générale, article armes. La cuirasse, nommée thorax, ne prit donc place dans leur armement, que très difficilement. Il fallut la fréquence de leurs rapports avec leurs ennemis pour que son usage s'implanta davantage dans leurs mœurs. Elle fut comme chez leurs prédécessseurs en civilisation — les Grecs et les Romains — tantôt composée de deux plaques en métal, bronze ou fer, tantôt faite d'un tissu de mailles : seulement elle fut toujours une rareté parmi eux.

Ce n'est qu'à partir du règne de Charlemagne que les guerriers se couvrent de plus en plus de la *cuirasse de fer*, et jusqu'au IXe siècle, on la voit devenir plus lourde et son emploi plus fréquent. A cette dernière époque, la cotte et le capuchon de mailles remplacèrent presque partout la cuirasse en métal, surtout dans l'infanterie. Elle ne fut pas alors, entièrement supprimée, car nous voyons qu'elle fut maintenue, dans tous les corps de cavalerie, jusqu'à la mort du maréchal de Villars en 1734 ; à partir de cette année, les régiments de grosse cavalerie seuls continuèrent à porter la cuirasse, qu'ils conservent encore actuellement, à l'exclusion des autres corps. Néanmoins, les troupes du génie travaillant dans les tranchées, s'en revêtent encore en même temps que du casque.

Nous ne dirons pas grand'chose d'une arme défensive dont on trouve souvent des traces dans les ouvrages mythologiques : c'est-à-dire de l'*égide*, par la raison toute simple, que cette expression est moins employée au propre qu'au figuré, et qu'elle indique plutôt une défense morale qu'une arme défensive réellement tangible. Il n'en fut cependant pas toujours ainsi. L'égide était primitivement une peau de chèvre dont on se couvrait pour se garantir des coups de l'ennemi, ou dont on s'enveloppait le bras gauche en guise de bouclier. Ce qui faisait, — mythologiquement parlant — toute la valeur de l'égide, c'est qu'on y attachait un pouvoir surnaturel : la terreur, la discorde, les alarmes y sont logées, et pour que le plus puissant des dieux inspirât une plus grande épouvante, Homère a placé au milieu de l'égide, qui est alors devenu un véritable bouclier recouvert de peau, la tête de l'effroyable Gorgone entourée de serpents.

Le premier accessoire défensif employé par les anciens peuples, autre que le casque, le bouclier et la cuirasse, que nous venons de passer rapidement en revue, fut les *cnémides* (du grec *chuème*, jambe, et qui indique la partie du corps garantie). Elles furent d'abord coulées en étain, puis en bronze; elles collaient à la jambe du guerrier —

qu'elles garantissaient depuis le cou-de-pied jusqu'au dessus du genou — et se maintenaient sans agrafe, grâce à leur forme et à l'élasticité du métal ; elles étaient, du reste, faites pour chaque homme en particulier, et, dans le principe, chaque guerrier n'en portait qu'une seule. Les Romains les nommaient *ocrea*.

Ce dernier peuple donna à ses troupes, une chaussure défensive en cuivre ou en fer, nommée *bottine*. Au temps de Polybe — environ 200 ans avant J. C. — chaque soldat n'en avait qu'une seule ; plus tard — vers le commencement de notre ère — on lui en donna deux. On la supprima lorsque les armes défensives furent abandonnées.

Après la mort de Charles-le-Chauve (850) une obscurité profonde — qu'on n'a pu encore pénétrer — nous laisse dans une ignorance presqu'absolue sur les armes alors en usage (1). On ne retrouve le fil d'Ariane de leur histoire que 200 ans plus tard, dans la tapisserie de Bayeux, quelque temps après la conquête de Guillaume le Conquérant, vers 1066, et qui démontre qu'un changement absolu avait eu lieu dans les armes et l'équipement de l'homme de guerre.

Depuis l'invasion romaine jusqu'à l'époque de la chevalerie, l'armement défensif était resté, pour

(1) Ceci vient, peut-être, de ce qu'au commencement de la troisième race des rois francs — vers la fin du Xe siècle — la durée de service exigé, n'était que de quarante jours.

ainsi dire, à l'état rudimentaire; mais, lorsque l'armée fut divisée en deux espèces de catégories qu'on pourrait nommer la démocratie ou les prolétaires, et l'aristocratie ou les privilégiés; lorsque les leudes, barons et seigneurs se rangèrent sous les bannières de leur suzerain; alors tous ces nobles hommes eurent à cœur de se garantir le plus possible des coups qu'ils pouvaient recevoir : ils cherchèrent à mettre ainsi, de leur côté, la plus grande somme de chances favorables possible, et laissèrent à leurs serfs — la partie démocratique de l'armée — le rôle tout passif de s'armer — pourrions nous dire — à leur gré et fantaisie, ou plutôt selon leurs moyens pécuniaires : ceci est tellement vrai que les chevaliers seuls avaient le droit (!) de porter la lance, le haubert, la *double* cotte de mailles, la cotte d'armes, l'or, l'hermine, l'écarlate, le velours, etc. Alors on vit apparaître l'armure complète du chevalier au moyen-âge, ce qui fit diminuer l'étendue du bouclier au fur et à mesure que cette armure se perfectionna.

Nous avons vu, que, vers le IXe siècle, la *cotte de mailles* remplaça la cuirasse, à cause de la difficulté avec laquelle celle-ci se pliait aux mouvements du corps. Ce vêtement défensif, très propre à garantir le corps des coups de sabre, et fort insuffisant pour résister aux coups d'estoc ou de pointe — car il se pouvait très bien faire que l'arme offensive rencontrât l'ouverture d'une maille, la rompit et blessât grièvement le guerrier ainsi vêtu — fut d'abord fait sans manche; il couvrait le corps depuis le cou jusqu'aux cuisses. Plus tard, on y ajouta des manches, des chaussures et un bonnet pareils. Nous avons parlé de ce dernier, au mot casque, en traitant de la capeline

Cette cotte de maille, qui prit aussi le nom de *haubert*, quelquefois celui de *brugne* et qui est mieux confectionnée, tenait lieu de *hausse-col*, *brassards* et *cuissards*, ou de *tassettes*, c'est-à-dire, couvrait et garantissait le cou, les bras, le buste et les cuisses de l'homme d'armes qui en était revêtu. Le *haubergeon*, diminutif de haubert, désignait la même chose, mais plus légère et, conséquemment, moins résistante ; c'était l'arme défensive des écuyers, tandis que les chevaliers seuls, comme nous l'avons vu, avaient le droit de porter le haubert. Ce dernier était orné d'une pièce d'étoffe brodée représentant les armoiries du chevalier. On est d'accord pour fixer le terme du port de haubert, vers la fin du XIVe siècle.

Ce qu'on désigne quelquefois par *corselet*, est une sorte de cuirasse en toile piquée et recouverte de plaques en fer, ou de mailles, couvrant le corps depuis le cou jusqu'aux reins. On appelait *brigandine*, une espèce de corselet, fait de lames en fer attachées les unes aux autres sur leur longueur, par des clous rivés ou par des crochets, et appliquées sur de petits matelas. On se servait de la brigandine, sous le règne de Louis XI.

Ni la cotte de mailles, ni le haubert, ni le corselet ne se trouvait en contact immédiat avec le corps : comme chemise, on portait un pourpoint de taffetas ou de cuir, rembourré de laine, d'étoupes ou de crin, et nommé *gambeson*, *gambisson*, *gobisson* ou *gambiex*. Ce dernier était destiné à rompre l'effort de la lance, dont le coup, quoiqu'il ne pénétrât pas toujours la cotte, aurait pu meurtrir le corps, en y enfonçant les mailles, dont cette dernière était composée.

Vers les XIIIe et XIVe siècle, les chevaliers français étaient complètement revêtus d'*armures en fer*, et l'expression « armé de pied en cap » signifiait un homme d'armes ainsi habillé. Ils avaient des armes en fer depuis les pieds jusqu'à la tête, et ne risquaient guère, dans une mêlée, que d'être assommés; car nous lisons «..... Le chevalier de Mauvoisin, (à la bataille de Bouvines, 12 Juillet 1214) saisit par la bride, le cheval de l'empereur Othon, et, ne pouvant le tirer du milieu de ses gens qui l'entraînaient, un autre chevalier, Gérard Truye, porta à ce prince, un coup de poignard dans la poitrine, mais il ne put le blesser, à cause de l'épaisseur des *armes*, dont les chevaliers de ce temps sont impénétrablement couverts. » En parlant de la prise de Renard de Dammartin, comte de Bologne, du parti d'Othon. « Ce comte, abattu et pris sur son cheval, un fort garçon, appelé Commote, lui ôta son casque et le blessa au visage. Il voulut lui enfoncer son poignard dans le ventre, mais les bottes du comte, étaient tellement attachées et unies aux pans de sa cuirasse — ou cotte de mailles — qu'il lui fut impossible de trouver un endroit pour le percer. » (Rigord, cité dans l'Encyclopédie méthodique, art militaire, tome premier, page 142 et 143.)

Il parait, qu'à cette époque, on cherchait d'abord à tuer les chevaux qui, eux-mêmes, étaient couverts de fer, afin de renverser les chevaliers et de les assommer ou de les prendre, puisqu'on ne pouvait percer leurs armures.

Vers la fin du XVe et le commencement du XVIe siècle, l'armure de l'homme d'armes avait atteint toute sa perfection. Voici la description de l'une d'entre elles, d'après l'historien Fauchet, mort en 1601 : « Quant aux hommes de cheval, ils se chaussaient de chausses de mailles, des éperons à molettes aussi larges que la paume de la main, puis endossaient un gobisson ; c'était un vêtement long, jusque sur cuisses et contre pointé. Dessus ce gobisson, ils avaient une chemise de mailles, longue jusqu'au dessous des genoux, appelée aubert, du mot *albus*, blanc, parce que les mailles de fer, bien polies, fourbies et reluisantes en semblaient plus blanches ; à ces chemises étaient cousues les chausses. Un capuchon ou coiffe, aussi de mailles, y tenait pour mettre la tête dedans, lequel capuchon se rejetait en arrière, après que le chevalier s'était ôté le haume quand il voulait se rafraîchir sans ôter tout son harnais, et pour la dernière *arme* défensive, un *elme*, ou heaume fait de plusieurs pièces de fer élevées en pointes, et lequel couvrait la tête, le visage et le chinon du cou, avec visière et ventail, qui ont pris le nom de *vue* et de *vent ;* lesquels se pouvaient baisser et lever pour prendre vênt, et ce, néanmoins, fort pesant et si mal aisé que quelquefois un coup de lance bien asséné au nazal, ventaille ou vizière tournait le devant derriére. Leur cheval était volontiers houssé, c'est-à-dire couvert et caparaçonné de soie aux armes et blason du chevalier ; et pour la guerre, de cuir bouilli, ou de bandes de fer. » Malgré tout le poids que devait supporter le chevalier ainsi couvert, l'auteur oublie la description d'une espèce d'arme défensive qu'on portait sous le gambison ; c'était un plastron de fer ou d'acier battu et qui empêcha souvent deux chevaliers de s'entrepercer (Encyclopédie méthodique, art militaire, tome premier, page 147.)

Vers le milieu du XVIe siècle, les armures complètes ne furent plus l'apanage exclusif de la cavalerie et Guillaume de Bellay, marque distinctement, dans son livre « de la discipline militaire, » la différence de l'armure des hommes d'armes, les arquebusiers à cheval et de la cavalerie légère, telle qu'elle devait être, selon les ordonnances du temps de François Ier.

« Les armes de ces gens à cheval, dit-il, seront

selon la charge de chacun, car autrement sera armé l'homme d'armes que le cheval léger, autrement que l'estradiot et que les arquebusiers (voir ces mots) (1). Premièrement l'homme d'armes sera armé de *soulerets* — souliers — *pédieux à la poulaine*, puis *solerets carrés*, qui avaient pour but d'assurer dans l'étrier, le pied revêtu de fer ; *grèves entières*, courant les tibias ; *genouillères*, *cuissots*, pour garantir les genoux, le haut des cuisses et les hanches ; cuirasses avec tassettes garantissant le haut des cuisses ; gorgerin, armet avec ses *bavières*; *gantelets*, avant-bras ; *gossets*, pièce de l'armure placé sous les aisselles et qui les couvrait lorsqu'on levait les bras ; et grandes pièces : ce que j'ai ainsi spécifié par le détail pour raison des hommes d'armes du temps présent, qui veulent être des hommes d'armes et néanmoins armés et équipés, tout aussi bien que le sont les chevau-légers. Et vous savez bien qu'un homme armé légèrement ne fera jamais l'effort que l'homme armé surement peut faire ; lequel ne peut être endommagé de coups de main, là ou le cheval léger est exposé aux coups en plusieurs endroits de sa personne, et ce, à cause de son harnais qui n'est ni pesant, ni si sûr que celui de l'homme d'armes doit être ; car ceux-ci qui sont

(1) Ceci nous porte à croire que les armures ne furent pas complètement, ni subitement supprimées, par l'introduction des armes à feu dans les armées. Voir ci-après, le § commençant par les mots : « Sous Henri II... »

ordonnés pour rester fermes, et non pour courrir çà et là pourront être chargés d'un harnais pesant, et à cette fin, avoir de forts et grands chevaux qui doivent être bardés ....»

« ...... Les chevau-légers seront bien à cheval, armés de hausse-cou, de halecret avec les tassettes jusqu'au dessous du genou ; de gantelets ; d'avant-bras ; de grandes épaulettes ; et d'une salade forte et bien à vue coupée ....»

« Les arquebusiers seront aussi bien montés, et leur harnais sera pareil à celui des estradiots, à l'exception de la salade, qui doit être remplacée par un cabasset, à cette fin de mieux viser et ainsi avoir la tête plus dégagée » (même source que plus haut, pages 147 et 148.)

Il est notoire que la cause de l'abandon des armures, telles que nous venons d'en donner une description rapide, fut leur poids et la gêne qu'elles occasionnaient dans les mouvements. Plusieur fois, on eut besoin de rappeler aux hommes, et principalement aux officiers, les dispositions et ordonnances concernant le port des armes défensives, dont l'inobservance causait la perte de bon nombre d'officiers. C'est à propos d'un fait semblable, que le maréchal de Villars obligea la cavalerie, au commencement du siècle dernier, de porter des demi-cuirasses.

Sous Henri II, né en 1518, mort en 1519, on commença à se débarasser petit à petit, de différentes pièces métalliques qui entraient dans l'armure. Pour combattre à pied, on ôtait les grèves, les solerets et les cuissards. Au commencement du règne de Charles IX, vers 1560, la braconnière, les tassettes, les cuissards et les solerets disparurent et furent remplacés par le grand cuissard articulé et les bottes en peau de daim. C'est la dernière forme de l'armure qui se continua jusqu'à la fin du règne de Louis XIII, mort en 1643, où elle commença à disparaître pour de bon.

Nous avons tantôt effleuré un fait qui, dans l'espèce, se lie intimement au sujet qui nous occupe : l'armement défensif des chevaux. Il y en eut qui portèrent des couvertures en mailles de fer, mais ce fut l'exception. On se contenta de leur couvrir la tête et le poitrail de lames en fer nommées *chanfrein*, et les flancs de plaques en cuir bouilli ou *flançais*. La partie du chanfrein correspondant au milieu du front de l'animal portait quelquefois un dard imitant l'arme fabuleuse de la licorne, et avait pour but de transpercer tout ce que le cheval rencontrait, lorsque, dans la charge, il donnait tête baissée dans les rangs ennemis. Les flançais étaient souvent ornés de l'écusson du chevalier. Un cheval ainsi couvert était appelé *cheval bardé*, parce que l'ensemble des différentes parties de son armure s'appelait *bardes*. Cette armure des chevaux fut abandonnée lorsqu'on n'employa plus aussi fréquemment et aussi exclusivement la lance dans les combats.

Jusqu'à présent, nous n'avons guère parlé que de l'armure défensive des cavaliers, cependant les fantassins furent aussi couvert d'armes défensives, qui se composaient, au commencement du XIVe siècle, de la capeline, ou casque en fer, du *jacque*, ou justaucorps et du *panier* ou bouclier. Ils portaient cet habillement garni de *lesches* : plaques ou minces lames en métal cousues et assemblées entre l'étoffe et la doublure, ou bien de mailles. Les paniers de tremble étaient les boucliers des piétons; ils étaient faits en osier recouvert de bois de tremble ou de peuplier noir. Ils étaient assez longs pour couvrir presque tout le corps ; c'était une espèce de *targe*. Du temps de François Ier, c'est-à-dire une centaine d'années après, les piétons ou fantassins avaient, les uns, des corselets en lames de fer appelés *halecrets*; les autres, une cotte de mailles « La façon du temps présent, dit encore Guillaume du Bellay, est d'armer l'homme de pied, d'un halecret complet, ou d'une chemise ou gallette de mailles, et d'un cabasset ; ce qui me semble assez suffisant pour la défense de la personne, et le trouve meilleur que la cuirasse des anciens n'était. »

L'impossibilité dans laquelle on se trouvait de se garantir des coups portés par les armes à feu fit que, dans la seconde moitié du XVIe siècle, l'infanterie française, qui avait été décimée par les guerres civiles, repoussa les armes défensives et il n'y eut plus guère que quelques soldats qui gardèrent ces dernières. Le plus grand nombre des fantassins, les plus débauchés et les plus indisciplinés entre autres, ne voulurent plus porter que le morion et l'arquebuse. Le dernier vêtement défensif qu'on indique et dont il reste quelque trace, fut un *jacque* ou *jaquette* en buffle, porté en 1712, par le maréchal de Villars « seule arme défensive dont il se servait quelquefois ». Les Allemands ont beaucoup employé ce vêtement pendant les XVIe et XVIIe siècle.

Comme nous venons de le voir, depuis que les projectiles lancés par les armes à feu portatives, n'ont plus rencontré d'obstacle sérieux, la suppression du casque, de la cuirasse et de l'armure est devenue presque générale. Les corps réguliers, de troupe, à l'exception de ceux dont nous avons parlé — cuirassiers et soldats du génie travaillant dans les tranchées — ne possèdent plus d'autre arme défensive que la coiffure. Cependant plusieurs essais ont été tentés à différentes reprises pour faire servir d'arme défensive, l'habillement et l'équipement des troupes, mais aucun d'eux n'a été mis en pratique. Ainsi, le maître tailleur d'un régiment d'artillerie belge inventa, il y a quelques années, une doublure ou plutôt, une sorte de rembourrage d'effet d'habillement en liége, qui, à son avis, pouvait facilement être taillé de manière à garantir contre l'effet des balles le soldat qui aurait été couvert d'effets ainsi rembourrés ; mais son invention ne réussit point. M. le capitaine Charrin, auquel on est redevable de plusieurs découvertes ou perfectionnements d'armes ne fut guère plus heureux dans l'invention du *sac-abri*.

FIN.

pleа

s e

JR TO

sans

M
1.
0.
1
0
0
0
1
1
0
0

Nous extrayons du « Spectateur Militaire français, » livraison de Mai 1872, le tableau ci-dessous, indiquant les : *armes portatives non transformées à chargement par la culasse, en service dans les armées européennes, au commencement de 1872.*

ÉTATS.	MODÈLE DES ARMES.	SYSTÈME DE FERMETURE.	CALIBRE.	RAYURES. Nombre.	RAYURES. Profondeur.	RAYURES. Inclinaison.	LONGUEUR TOTALE avec baïonnette.	LONGUEUR TOTALE sans baïonnette.	Longueur de la partie rayée.	POIDS TOTAL avec baïonnette.	POIDS TOTAL sans baïonnette.	BALLE. Diamètre.	BALLE. Poids.	Charge de poudre.	ENVELOPPE DE LA CARTOUCHE.	MODE d'inflammation.	Poids de la Cartouche.	Vitesse initiale.
			M. M.		M M.	O. '	M. M.	M. M.	M. M.	KIL.	KIL.	M. M.	GR	GR			GR.	MÈTRES
Angleterre . .	Fusil d'infanterie . . . Mod. 1871	Henry-Martini.	11.43	7	—	3 41	—	1.231	0.825	4 65	3.97	11.43	31.1	5.05	Laiton.	Central.	48.3	416
	Revolver.	Deane-Adams.	11.00	3	—	3.53	—	0.325	0.146	—	1.09	11 56	14.6	0.84	Id.	Id.	—	—
Autriche . . .	Fusil d'infanterie . . . Mod. 1867	Werndl.	10 98	6	0.18	2.44	1 855	1 279	0 790	5.22	4.48	11 35	21.4	4.01	Tombac (Alliage de	Central.	32.4	436
	Mousqueton. . . . . Mod. 1867	Id.	10.98	6	0.18	3 45	1,038	0.991	0.508	3.67	3 18	11.35	21.4	2 19	Id. cuivre, zinc et	Id.	28 9	307
	Pistolet . . . . . . Mod. 1867	Id.	10.98	6	0.18	3.45	—	0.400	0 190	—	1.50	11.35	21.4	2.19	Id. étain).	Id.	28,9	239
	Revolver. . . . . . Mod. 1870	Gasser.	10.98	6	0 18	7.02	—	0,322	0.185	—	1,38	11.35	21.4	1.48	Laiton.	Id.	28.1	—
Bavière . . .	Fusil d'infanterie . . . Mod. 1869	Werder.	11.00	4	0.26	2,09	1.780	1.320	0 841	5.10	4.40	11 5	21 9	4.30	Laiton.	Central.	36.0	446
	Mousqueton de cavalerie. Mod. 1869	Id.	11.00	4	0.26	—	—	—	—	—	—	11.5	21.9	4.30	Id.	Id.	36.0	—
Belgique . . .	Fusil d'infanterie . . . Mod. 1867	Albini-Braendlin.	11 00	4	0.30	3.36	1.815	1 355	0 840	4.95	4 60	11.6	25.0	5.00	Laiton.	Central.	40.0	417
	Carabine. . . . . . Mod. 1868	Terssen.	11 00	4	0.30	3.36	—	—	—	—	—	11 6	25.0	5.00	Id.	Id.	40.0	—
	Mousqueton de cavalerie. Mod. 1871	Comblain.	11.00	4	0,30	3.36	—	0 980	—	—	2.750	11 6	25 0	4.00	Id.	Id.	—	—
	Revolver. . . . . . Mod. 1871	Chamelot-Delvigne.	11.00	4	0.25	7 02	—	0.250	0.113	—	1 03	11.3	15.0	1.25	Id.	Id.	20 0	—
Danemarck . .	Fusil d'infanterie . . . Mod. 1867	Remington.	11.44	5	0.18	2.55	1.831	1.282	—	4.87	4.12	11 8	25.0	3.91	Tombac.	Périphérique	34 8	381
Espagne . . .	Fusil d'infanterie . . . Mod. 1871	Remington.	11.00	6	0.3	3.5	1.833	1.315	0 890	4 59	4.21	11.2	25.1	5.00	Laiton.	Central.	30.9	423
	Mousqueton de cavalerie. Mod. 1871	Id.	11.00	6	0.4	3.5	—	1.956	0 530	—	3 25	11.2	25.1	5.00	Id.	Id.	39.9	—
France . . .	Fusil d'infanterie . . . Mod. 1866	Chassepot.	11 00	4	0.3	3 36	1.870	1.305	0.702	4.68	4 05	11.8	25.0	5 5	Papier et Soie.	Central.	31.8	420
	Carabine. . . . . . Mod. 1866	Id.	11.00	4	0.3	3.36	—	1.175	—	—	3.50	11.8	25.0	5.5	Id.	Id.	31.8	—
Hollande . . .	Fusil d'infanterie . . . Mod. 1871	Beaumont.	11.00	4	0.3	2 38	1.830	1.320	—	4.08	4.35	11.7	21.75	4 25	Laiton.	Central.	39.0	405
Italie	Fusil d'infanterie . . . Mod. 1870	Wetterli.	10 45	4	0.2	3.25	1.910	1.345	0.803	4.91	4.20	10.8	20.5	4.00	Tombac.	Central.	35.0	425
	Mousqueton de cavalerie. Mod. 1870	Id.	10.45	4	0.2	3.25	—	0.920	0.394	—	3 00	10 8	20.5	3 5	Id.	Id.	34.6	—
	Revolver.	Lefaucheux.	10.7	4	0.25	1.32	—	0.250	0.120	—	0 98	10.8	12 9	0.67	Cuivre.	Latéral.	16.7	—
Norwège . . .	Fusil d'infanterie . . . Mod. 1871	Remington.	11.76	—	—	—	—	—	—	—	—	—	—	—	—	—	—	—
Prusse . . .	Fusil d'infanterie . . . Mod. 1862	Dreyse.	15 43	4	0.78	3.47	1 867	1 360	0.837	5.25	4 88	13.6	31.0	4.08	Papier.	Central.	40.7	351
	Carabine de chasseurs . Mod. 1865	Id.	15 43	4	0 78	3.47	1 755	1.255	0 771	5.12	4.42	13 6	31 0	4.08	Id.	Id.	40.7	—
	Mousqueton de cavalerie. Mod. 1857	Id.	15.43	4	0.78	3.47	—	0.785	0.380	—	2.80	13 6	31 0	3.7	Id.	Id.	39.6	—
Suède	Fusil d'infanterie . . . Mod. 1867	Remington.	12.2	6	0.4	2.18	1.850	1.366	0.947	4.74	4.33	12.6	24.0	4,23	Cuivre.	Périphérique.	33 3	—
Suisse. . . .	Fusil de chasseurs . . Mod. 1867	Peabody.	10.5	3	0 225	2.36	1.800	1.390	0.796	4.57	4 22	10.8	20.2	3.75	Cuivre.	Périphérique.	30.4	435
	Fusil à répetition . . . Mod. 1869-70	Wetterli.	10 5	4	0 225	2.50	1.780	1.300	0.789	4.80	4 50	10.8	20.2	3.75	Id.	Id.	30.4	435
	Carabine à répetition. . Mod. 1871	Id.	10.5	4	0.225	2 50	—	—	—	—	—	10.8	20 2	3 75	Id.	Id.	30.4	—
	Mousqueton à répetition. Mod. 1871	Id.	10.5	4	0.225	2 50	—	—	—	—	—	10.8	20.2	3.75	Id.	Id.	30.4	—
Russie . . .	Fusil d'infanterie . . . Mod, 1871	Berdan Nº 2.	10.66	6	0 25	3,36	1.854	1.346	0.747	4.20	—	11.4	24.0	5.06	Laiton.	Central.	42 5	442

POST-FACE.

Nous ne nous faisons aucune illusion sur l'importance que devrait avoir un travail tel que celui qu'on vient de lire, car les armes ont, de tout temps, joué un rôle très-important dans la société, et nous sommes forcés de reconnaître que l'Historique des Armes, traité comme nous le comprenons, ne saurait posséder toute sa valeur sans toucher à tout ce qui a rapport aux armes.

Tout ce que nous avons voulu, en livrant à l'impression des pages qui n'étaient point destinées à voir le jour, ça été de mettre entre les mains de nos camarades, un bien modeste volume où ils trouveront, concentrés en quelque sorte, des renseignements qui sont disséminés dans de volumineux ouvrages, d'un prix élevé et qui ne se rencontrent que dans de grandes bibliothèques spéciales.

Cependant, tel qu'il est, simple et imparfait, si notre travail procure à ses lecteurs quelques moments de satisfaction, nous nous estimerons heureux de l'avoir entrepris.

H. L.

Notre travail n'étant pas une œuvre d'imagination, mais seulement le résultat de recherches, assez longues il est vrai : en quelque sorte, une compilation d'ouvrages traitant la même matière, nous donnons ci-après, une liste des *principaux* ouvrages qui nous avons consultés pour ne pas indiquer, dans le cours de notre livre, toutes les sources où nous avons puisé nos renseignements.

Art militaire. — Encyclopédie méthodique. Paris 1784, Panckouke, 4 vol. in-4°.

Artillerie. — Encyclopédie méthodique. Paris 1784, Panckouke, un vol. in-4°.

Curiosités militaires, par Ch. Lalanne. Paris 1855, Paulin et Lechevalier, un vol. in-12.

Les armes et les armures, par P. Lacombe. Paris 1868, L^is^. Hachette, un vol. in-12.

L'armée ; esquisses et croquis militaires, par Bescherelle aîné. Paris 1854, Mauresque, brochure in-f°.

Notice sur les armes défensives, par Ach. Jubinal. Paris 1840, Challamel, brochure in-8°.

Siéges de l'antiquité, par un officier du génie. Bruxelles 1855, Kiessling, brochure in-12. Pl.

Cours élémentaire sur les armes à feu portatives, par Gillion, capitaine d'artillerie. Liége 1856, un vol. grand in-12. Pl.

Etude sur les armes se chargeant par la culasse, par Tackels, capitaine d'infanterie. Paris 1868, Tannera, un vol. in-8°. Pl.

Le revolver, par un officier belge. Paris 1866, Tannera, brochure in-8°.

Siége de Jotapata, par Aug. Parent. Paris et Bruxelles 1856, Didier et Decq, brochure in-8°.

Cours sur les armes à feu portatives, par L. Panot. Paris 1851, Dumaine, un vol. in-8°.

Cours d'artillerie donné aux élèves de l'école militaire de Belgique en 1866, (section d'infanterie et de cavalerie), autographié, in-4°.

Questions militaires, politiques et sociales, articles Thomas-Anquetil. Paris 1867, brochure in-8°, fig.

Traité d'artillerie théorique et pratique, par G. Piobert. Bruxelles 1838, Méline, un vol. in-8°.

Dictionnaire universel illustré, par Maurice Lachâtre. Bruxelles 1865, Peeters, 2 vol. in-4°.

Mystères de la science, par L^is^ Figuier, tome IIIe. Paris 1869, Furne, Jouvet, un vol. in-f°.

Encyclopédie générale, 12e livraison. Paris 1869, brochure in-4°.

Paris-Guide, 1re partie. Paris 1867, librairie internationale, un fort vol. in-12.

Rapport sur l'exposition de 1839, par J. B. A. Jobard, tome IIe. Bruxelles et Paris, 1842, un vol. in-4o.

Dictionnaire classique des origines, inventions et découvertes, par W. Maigne. Paris 1866, Larousse et Boyer, un fort vol. in-12.

Dictionnaire des arts et sciences, par Lunel. Trois vol. in-8o.

L'homme primitif, par L. Figuier. Paris 1870, Hachette, un fort vol. in-8o.

Causeries scientifiques, découvertes et inventions, 10e année, par H. de Parville. Paris 1872, Rothschild, un vol. in-12. fig.

TABLE SYNOPTIQUE

DES

Conférences sur l'Historique des Armes.

Armes offensives portatives.

Armes Contondantes.

Armes de Jet ou Nécrobalistiques.

Armes à Feu ou Pyrobalistiques.

Armes offensives non portatives.

Artillerie ancienne.

Pages.

Artillerie moderne. — Bouches à feu.

Pages.

Armes défensives.

Cuirasse.

Armures,

Fin de la table.

ERRATA.

Page	ligne	au lieu de	lisez
14,	10,	avait,	n'avait.
17,	7,	arme,	armes.
22,	11,	d'une,	d'un.
27,	18,	0.m5,	0.m05.
31,	17,	avoir tuer,	avoir vu tuer.
33,	1,	lancée,	lancer.
36,	12,	siècle,	siècles.
55,	16,	apportés	apportées.
80,	20,	*katta*,	*kata*, contre.
95,	16,	ou,	on.
98,	26,	écossaire,	écossaise.
99,	28,	ou,	on.
118,	19,	O Barbarie ;	O Barbarie !
123,	1,	leurs,	leurs.
129,	8,	enfin,	afin.
135,	27,	siècle,	siècle.
137,	8-9,	émettion plus haut que,	émettions plus haut, que.
139,	12-13,	projection,	protection.
141,	30,	suivant,	suivante.
		page 3 et suivant,	pages 3 et suivantes.
147,	5,	Ils le portaient,	Ils portaient.
156,	2,	trouvait	trouvaient.
»	11,	siècle,	siècles.
159,	8,	courant,	couvrant.
160,	28,	1519,	1559.
163,	10,	siècle,	siècles.

www.ingramcontent.com/pod-product-compliance
Ingram Content Group UK Ltd.
Pitfield, Milton Keynes, MK11 3LW, UK
UKHW020248180726
13839UKWH00001B/238